LOCUS

LOCUS

LOCUS

LOCUS

在時間裡，散步

walk

Walk 29

走向內在：四國遍路、聖雅各朝聖道、AT&PCT，三大洲萬里徒步記

作者：Josie
責任編輯：李清瑞
封面設計 & 內頁排版：曾微雅

出版者：大塊文化出版股份有限公司
105022 台北市松山區南京東路四段 25 號 11 樓
www.locuspublishing.com
locus@locuspublishing.com
讀者服務專線：0800-006-689
電話：02-87123898　傳真：02-87123897
郵政劃撥帳號：18955675　戶名：大塊文化出版股份有限公司
法律顧問：董安丹律師、顧慕堯律師

總 經 銷：大和書報圖書股份有限公司
新北市新莊區五工五路 2 號
電 話：02-89902588　傳真：02-22901658

初版一刷：2023 年 3 月
初版二刷：2023 年 4 月
定價：400 元
ISBN：978-626-7206-71-3

走向內在

四國遍路
聖雅各朝聖道
AT&PCT
三大洲萬里徒步記

作者 Josie

獻給父親與歐比，因為你們的寬容與愛，我的世界無限遼闊。

人的一生能走多遠，想像Josie舉足跨盡萬里之遙，實踐生命的過程中，重新認識自我與對話，學習丈量世界、看淡人生。不按牌理出牌的旅行生活，理想與現實的平衡，眼界始開，譜寫屬於自己的故事，更貼近世界的完整。

找尋的過程中，也許不一定馬上得到解答，但會發現路徑上的另一種風景，不心急，那時的豁然開朗，也許是回應解答的契機。

坐而言，不如起而行，走一條回「心」家的道路。不過，不論多遠大的旅行，房租還是要繳的（笑）！

——朱朱／藝術工作者

Josie的北美徒步筆記，有奧斯卡獎最佳影片《游牧人生》（Nomadland）的蒼茫。東西兩大朝聖道上，有濃濃的人生況味。

——吳佳璇／資深精神科醫師，分段徒步台灣與日本四國中長天數的長距離步道健行，可視作潔淨心靈的儀式，就如四國遍路與聖雅各朝聖道；亦可視為遠離塵囂回歸自然的擁抱，就如AT與PCT。兩者都給予我們簡樸淡泊的心境，純粹沉浸在步道沿途的文化、自然與生活中；而旅程中的每一個際遇就像一面鏡子，映射自我。

跟隨作者細膩的文筆，你我都能體會長距離步道的精髓與動人之處。這是一本讓人讀起來自在又實用的好書，讀過這本書，你將更有勇氣走進長距離步道健行的迷人世界。

——吳雲天／台北市出去玩戶外生活分享協會祕書長

我們不說「懂得享受孤獨」，因為寂寞會掉出來。只有不斷的「在路上」，生命的孤獨才以本質的樣式相遇。

Josie是基隆的孩子，爬坡是記憶中的日常，早已內建為自己出走的能力。況且，有老鷹盤旋俯視，不會失去內在的指引。

——阿光／《出走，朝聖的最初》作者

推薦序

如果你想好好陪陪自己，你有地方可以去

——小歐／「四國遍路同好會」主持人

二〇〇六年，因為看了NHK日劇《迷路的大人們》（ウォーカーズ～迷子の大人たち）而認識了在日本有一千兩百年歷史的「四國遍路」，心裡覺得很嚮往，卻又感到迷惘。那個時候，台灣還沒有什麼完整的中文資料，只有一些旅行網站或雜誌，在介紹四國時會給「四國遍路」一點篇幅，以及一位北藝大的遍路前輩李至耕走了三十幾所寺後寫下的心得。

不曉得為什麼，我一直很在意這件事，於是那兩年多經常用我很破的日文研究日本的遍路情報網站、看日本歐吉桑寫下的遍路遊記，和親友分享《迷路的大人們》影片，不斷地在和這件事靠近。

越感覺到心裡的渴望，越能辨識阻擋自己的牆，那時候有一道牆是這樣的：根據日劇裡說到的旅行日數和網站上查到的訊息，走完一趟四國遍路少說要四十天的時間、十萬台幣的

旅費，如果我有這個時間和錢，我為何不去風景優美的歐洲旅行或找個東南亞的沙灘華麗渡假，為什麼我要去日本鄉下走路，那麼累，何必呢？

殊不知在二〇〇九年走了一趟遍路後，我就得了傳說中的「四國病」，對於那條路非常想念，除了透過介紹遍路積極散播「四國病」的病毒外，也想辦法再去走一圈。

若問我走遍路時最迷人的是什麼，我覺得那是一種陪伴自己的純粹感，每天要做的事就是走路、吃飯、洗澡、睡覺，有方向、有進度，徒步者只需要體驗自己、觀察自己、認同自己，有空的時候可以和自己面對面對話，也可以放空與自己併肩同行，一起欣賞路上景物流動。四國當地因為有這種鄉土文化，遍路道周邊的居民也了解遍路者在做什麼，經常會給遍路者友善的問候或是各種形式的「接待」，讓遍路者在徒步時也能得到許多溫暖。因為如此，遍路回來後彷彿得到了一顆珍貴的寶石，結晶了那段路上的風雨和太陽、身體的苦累、以及對自己的再認識。對，「再認識」，在了解自己的各種極限後，對世界的眼光、對自己的眼光不同了，和解了、明白了，也就讓自己好過了。

我想這就是長距離步道最大的魅力，透過徒步旅行，讓自己陪自己見識自己的不同面向，也讓自己和大地更加親近。二〇〇六年的我想不明白的事——以為花錢享受才是天經地義，花錢吃苦又何必——但現在的我已很明白，人能有這個時間、空間、體力，為自己創造一段靠自己走完的旅行，那換來的是比花錢豪華度假更珍貴的幸福，會給自己之後的人生帶來穩定心靈的力量。

▲▲▲　▲▲▲

和 Josie 認識於二〇一一年底，那是我在臉書開設「四國遍路同好會」時，她已定居美東，我們是臉友，知道她是基隆同鄉、也看日劇，發文的喜好很有共鳴，於是常有互動。後來她去遍路回來，我們就在基隆見面，吃吃喝喝；以後每次她回台灣，也都繼續吃吃喝喝，但不同的是，我對她的好奇越來越多，她每次回來前又去走了一些地方，這幾年下來也走了一萬公里的路，走過一萬公里的人看過的風景、沉澱下的心得會是什麼呢？

這麼說好了，現在在台灣對於長距離步道更加認識，有興趣的人也非常多。二〇一七年新竹的「Sofa Story, 旅行講堂」辦了一場「走遍天下，走出自我——四條你絕不能錯過的徒步朝聖路線」的活動，主辦人展展找了走過西班牙聖雅各朝聖道的 Mike 和 Vida、台灣媽祖環島的朱朱、四國遍路的我和美國PCT的 Pedro 來接力講座，那天我認真聽了其他徒步者的經驗分享，直到最後 Pedro 在介紹PCT時，我們其他講者聽得無比佩服，畢竟我們三組都是一千公里上下能完成的旅行，三組加起來都還不到PCT的里程數，PCT可是四千多公里，要在自然景觀步道上生活好幾個月，那是一個怎樣的景況？換句話說，我們那天四組人加起來的里程數，都還不到 Josie 走完的路，那走過一萬公里的心情境界是什麼？

這本書的出版正好回答了我的問題，Josie 說：「徒步誠然是一種物理性迎向世界的行為，但對我來說更是一種逐步朝向內在，學習專注於當下，跟自己連結的正念練習過程。」一我有深深的共鳴，也相信 Josie 把自己放在世界三大洲、不同國家和文化樣貌的步道上，逐一再逐一、深入再深入地提煉自己，那些深刻和細微或許已難以言喻，但會形成一種篤定的力量，使自己更加成為自己，更接近內在自我。

在研究四國遍路的歷史時了解到，一直要到二戰後幾十年，前往四國的陸空交通才陸續完備、一九九〇年代初，遍路道現代化整備才完成。看了 Josie 的介紹，才知美國的國家景觀步道是二十世紀中才逐漸落實。也就是說是在科技進步、世界和平的今日，我們才可以這樣自在的旅行。這樣說來，長距離步道真的是世界給現代人的禮物，人們只要走路就好，便可鍛鍊身與心，並遊歷世界難得的風景。

特別在經過疫情這兩、三年全球封鎖，俄烏戰爭不息的今日，深深感受到很多我們過往以為尋常的事不是這麼理所當然，這更使得能進行一趟長距離徒步旅行對個人生命經驗來說是如此深刻且珍貴的事。

很想把這本書送給二〇〇六年或更早的我來讀，我希望那時候的我就能知道這是重要的事，而能少點摸索、更有勇氣，站在經驗者的肩膀上跨出屬於我的徒步旅行。也想把這本書推薦給對長距離徒步旅行有興趣的朋友，路一直都在，為自己創造時間、錢和體力，可以是一種人生的目標，也可以讓自己知道，如果你想好好陪陪自己，你有地方可以去。

推薦序

乘著健行者的肩膀，搭一段人生的便車

——徐銘謙／台灣千里步道協會副執行長

背起背包走上動輒幾個月的長路，會讓走路的人處於一種「閾態」，一種模糊的、曖昧的邊界、過渡地帶，一種隨處都可以是家，又都不是真正的家的狀態，當然從起點到終點是有明確的目標的，但長距離步道不只是走路而已，在這種游離的人生儀式中，每個人自然會有一番體悟、只屬於自己的成長，當抵達終點的時候，似乎回到原本的狀態，但其實生命中有些永遠改變了，改變自己的正是那「見天地、見自己、見眾生」的過程。

當你選擇走長長的路，去迎向世界、去遇見各式各樣的人，以及如同現象學般，觀察著自己與其他人、與這個世界的互動，就證成了。回想起來，我讀過中文最早的長距離步道經典文學，應該就是《西遊記》了。奇怪的是，當我展讀 Josie “Hardcore” Chen 的書的時候，我就聯想到了《西遊記》。當然旅途中沒有奇想的妖魔鬼怪，但是每一個經過你身邊的人，都是一種人性的試煉，所有的體驗都是出自自己的選擇。

我們總是想透過別人帶回遠方的消息，知道沿途看見的風景，我們喜歡不費力就能體驗，因此我們浪漫地想像朝聖與旅行，但往往讀完他人旅程寫的書，我們畢竟感覺隔一層，無法向內心裡去。有別於其他長距離步道的書，本書不是寫一段從頭到尾的旅程，她走完日本四國遍路、西班牙聖雅各朝聖道、美國阿帕拉契山徑與太平洋屋脊山徑，累積里程數已經超過一萬公里，但她沒有打算交代沿途風景，旅遊資訊也只是附帶一提。讓人眼睛一亮的是，她把重點放在途中遭遇的一個一個有血有肉的、立體的人的生命故事，讓讀者彷彿在現場參與了這場聊天。

作者誠懇平實地寫下她的眼睛所看到的人事物，彷彿有看穿他人靈魂的敏銳，以及能透過聊天進入他者文化脈絡的能力，以至於當你閱讀每個故事，就好像在看日劇、歐劇、美劇，劇情鋪展與人物性格都很文化，就算沒有交代故事背景，也彷彿可以置身在正確的國度。而縱使故事主角身處不同的文化，卻又有著人性的共通性，有著遺憾、尋求和解、認識到自己的侷限、不得不放棄的缺憾。

我們期待故事終了總是能走完、如勝利者的成就感與精采，但在作者筆下，不完美、放棄、甚至像那個根本沒準備好為自己人生負責的娜塔莉，在長距離步道考驗下那樣原形畢露、踢到鐵板，讀來也帶著一種溫厚、包容，甚至於諒解。那些完成的，以及沒有完成的，都有在那個當下自成合理的宇宙。乃至於，即使故事場景不在步道上，也許那就是我們自己、或人生中曾遇過的相似的人的故事，因而觸動人心。

人生如遍路，我們總是仰賴陌生人的善意，去度過艱困的時刻，有時甚至改變了一生，然而這種改變與接住是雙向的，書中提到長距離步道上有一種人，叫做「步道天使」，他們就是那些流轉善意溫暖的陌生人，創造無數奇蹟的「步道魔法」。反過來說，步道天使正是透過在定點接待健行者，「讓世界主動走向他」，聽見形形色色的人的故事，透過步道，讓來自各地的魔法發生在他們生活之中。

我想無論是在路上的人、還是在當地的步道天使，愛上長距離步道的人應該也是愛聽故事的人，Josie 像一個沿途蒐集故事的人，又像一個在森林中邊走邊灑下麵包屑的人，讓我們跟著她的線索，亦步亦趨，窺見她看見的天地、與自己的對話，以及和陌生人的相遇，只是我們不用以扭傷與水泡為代價，就能交換其他人生的故事。

透過 Josie 帶著敏感的觀察與共感的細膩，刻劃錯身而過的人，讓讀者也彷彿就像一個長著翅膀、隱形的小精靈，坐在健行者的肩膀，一起目睹故事發生的瞬間與經過，感覺世界一幕一幕走向自己，不經意地停駐某個短暫的時光，觸動內在隱微的小孩子，輕輕一顫。然後我們就彷彿也跟著遊歷過那模糊、曖昧、過渡地帶，當我們闔上書本，回到日常，心裡某些部分似乎也被永遠改變了，我們竟也成為了自己生活的異鄉人。

推薦序

序

part 1

徒步在亞洲

四國遍路

part 2

徒步在歐洲

聖雅各朝聖道、GR二二一

part 3

徒步在美洲

AT、PCT

part 4

徒步者經驗談

特別收錄

序

認真想想，走路對我來說原是種天生內建技能。生長在島嶼最北端的城市，低年級時明明隔著兩條馬路外就是離家最近的國小，卻因為學區畫分每天得穿越大街小巷，再順著彎來繞去的長長陡峭台階拾級而上，「千里迢迢」去到俯瞰基隆港口、如今已經廢校的太平國小上學。基隆三面環山，許多住家沿著低矮的丘陵而建，到處是彷彿永遠沒有盡頭的水泥階梯，而這些階梯往往又在穿過尋常人家前院後得以相通，那段長達三年邁著小短腿獨自去上課的日子裡，我便經常隨心情變換巷道，穿梭在晴天雨天各自不同的港市風情中，每一趟通學下課的時光都充滿樂趣。日後我熱愛走路，喜歡鑽小巷爬階梯進行路上觀察，或許正濫觴於這一趟趟小小的冒險旅程。

最初在日常活動範圍的點和點之間想方設法開發新路線，說穿了是出於對抗一成不變的生活軌道，尋求新鮮趣味的窮極無聊。就這樣走著走著，從基隆走到全台各縣市，從故鄉走到他鄉，從城市走到山林，不變的是去到任何一處，總是習慣以安步當車的方式去認識和探索新環境，走到經常在異鄉相約時讓朋友詫異為什麼我對他們在地人都不知道的場所顯得熟門熟路？

日常的散步實際上沒有什麼特殊技巧，無非是徐行和張望，可以隨興所至的開走和喊停，因為喜歡而且還稱得上是擅長走路，較他人稍長的步距或者也占了一些天生長手長腳的便宜，又深受獨自漫步時那些在腦海裡喧騰不已的思緒所吸引，便想著是否能走遠一點，久一點，如此或者就有機會去聽清楚內心那些沉默而巨大的喧囂了。

出於這種很不著邊際的理由，我在二〇一四年秋季踏上大學時代便從旅遊雜誌上得知的四國遍路，最初只是難以想像什麼樣的人會為了信仰徒步一千兩百公里，數年後偶而跟曾以搭車進行遍路的好友聊到而萌生念想，這顆好奇的種子相隔十六年才冒出芽來，卻自此一發不可收拾。徒步令人上癮，但凡走過的人都會同意。遍路的經歷讓我患上了遍路者戲稱為「四國病」的思念重症，而那種相思不僅止於對四國島，更是對於徒步。

基於距離的考量，二〇一六年春天選擇了離我長期定居的美東相對近一些的西班牙聖雅各朝聖道（Camino de Santiago）「北方之路」（Camino del Norte）作為解癮之道，又因為進度比預期快太多，最終連「原始之路」（Camino Primitivo）和從波多出發的「葡萄牙之路」（Camino Portugués）都趁機走完了。

決定在二〇一七仲春走「阿帕拉契山徑」（Appalachian Trail，簡稱AT）的原因僅僅是因為距離夠長，三千五百公里「大概」可以走個過癮，而且步道離當時的家不遠，中途還可以回家休息整備換裝再上。天真，相當天真，自認為行前已經做足了功課和準備，殊不知大自然並不會照著牌理出牌，野外菜雞一頭栽進廣袤山林世界後便時不時遇上種種預期外的狀況。然而那些看不見盡頭的上坡、沒有出口的綠色隧道、垂直陡上的巨石岩壁、令人厭世的泥濘和雨，卻在離開步道後變成心心念念的摯愛，我的相思病不減反增，直入膏肓。

因為好友的關係搶到二〇一八年「太平洋屋脊步道」（Pacific Crest Trail，簡稱PCT）的徒步許可其實是完全的陰錯陽差，我卻也隨順因緣在酷熱、積雪和漫天山火中，從墨西哥邊境出發走完了四千兩百六十公里直抵加拿大邊境（而擅自幫我登記的人最終卻沒能成行）。

長距離徒步會讓人對表示距離的里程數字產生奇妙的認知扭曲，二十五公里在過往僅僅是一個「好遠」就可以結束的量詞，徒步後則變成了「大概是五小時可以走到」的測量單位。只不過長距離步道上的步行儘管還是走，實則完全屬於另一種領域，除了詳實的計畫和準備，想走完全程更需要對脫離常軌有一定的認知和決意。前陣子檢視照片時才意識到踏著積雪從喬治亞州史賓格山（Mt. Springer）一起出發的十五名男女老少，最終只有年紀相近的獸醫師「蜜獾」（Honey Badger）和我兩人走到了阿帕拉契山徑的終點。完成率遠遜於官方統計的百分之二十五。

在長距離徒步隱隱有興起之勢的近年，關於路上的浪漫美好，想來大家已經聽過很多，因此我要述說的單調、煩躁、無奈、自我懷疑、麻木以及對自己生氣的步道日常或許會顯得相當非典型；這些不論是對體能或心志辛苦而折磨的勞動、許多突如其來的狀況和考驗，都讓人經常充滿挫敗感。但從面對處理這些挫折和經歷的過程中，每一次也都更能照見真實的自己，讓我侷限的心胸與眼界更加開展。從現實角度看待，徒步誠然是一種物理性迎向世界的行為，但對我來說更是一種逐步朝向內在，學習專注於當下，跟自己連結的正念練習過程。

▲▲▲　▲▲▲

創作這本書的過程對我而言並不容易，倒不是缺乏靈感或素材，反而是在那前後約莫四年的時光，四條長距離步道上，將近四百個日子裡，一萬多公里的路程中，有太多太多經歷，有信手拈來就說不完的故事和題材，每一個都獨特難以取捨。直到現在，「哎呀，這個那個故事其實也很值得分享！」、「沒能聊到各國徒步者因為文化差異而產生的微妙態度差異好可惜啊。」等念頭還時不時會冒出頭來，但或許只能靜待他日有緣了。

四國遍路上常會見到出自俳人種田山頭火的「人生即遍路」，人生的步徑上縱然永遠殊途同歸，卻也是各自風景迥異，就像同一條步道即使終點一致，不同的人去走時，遇到的狀況和人事物也完全不一樣，造成的影響更是因人而異；故此我能訴說的只是自己遭逢的邂逅和觸發，以及那些累積多時後的遲來感悟。無庸置疑的是徒步對我而言意義重大，是我藉以探索人生和丈量世界的方式之一，路途上的歷練可以說大大扭轉了我面對世界的姿態和看待人生的角度，並且時至今日仍在持續以我所不知道的方式滋養著我的靈魂。儘管只是敝帚自珍，但倘若，倘若有任何一位讀者能因為這些微不足道的敘說而有所共鳴，而更堅定踏出腳步的嚮往和意向，甚至鼓起勇氣親身上路去創造屬於自己的故事，那就再令人感激不過了。

徒步在亞洲

四國遍路 1200 km

part 1

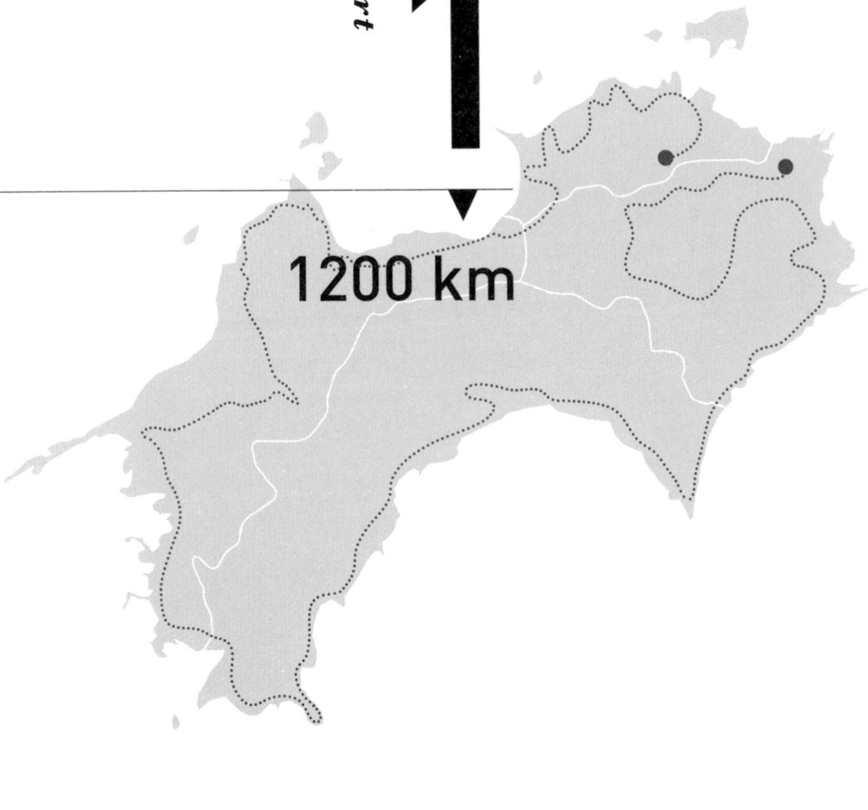

1200 km

關於四國遍路

四國遍路是以九世紀時空海大師（弘法大師）的修行地日本四國島為舞台，巡遊參拜八十八所與空海大師有深刻淵源的佛寺的徒步道。

空海大師為日本真言宗開宗祖師，對日本佛教發展影響甚鉅，大師的弟子與信眾為修習佛法而追隨大師足跡巡拜四國八十八所寺院，之後逐漸成為佛教徒的朝聖修行路線。若以空海大師修行之時起算，四國遍路已有超過一千兩百年歷史，相關文字記載最早出現在十二世紀的《今昔物語集》和《梁塵祕抄》中，但遍路路線則是遲至十六、七世紀才確立的。

四國遍路的八十八札所分布在四國島上的德島、高知、愛媛、香川四縣，如用徒步方式，按寺院番號順序繞行全島進行，則全程約一千兩百公里，為極其罕見的環狀朝聖步道，而四國遍路的朝聖者又被稱為「遍路者」（お遍路さん）。所謂「札所」，即參拜的寺院，也稱「靈場」，古代朝聖者在進行寺院巡禮時，會拿著用木片或金屬做的、寫有自己名字的納札打在寺院的牆上，因此古代常將巡禮之寺稱為「札所」。不過現在的納札已改為紙材，寺裡也禁止參拜者在寺牆上打札和塗鴉。

即使目前八十八札所有所謂的番號順序，但在遍路巡禮時，其實並沒有硬性規定必須按照順序來進行。儘管一般來說，遍路者會選擇由第一番靈山寺出發，依順時針方向順序完成參拜路線，稱為「順打」（這裡的「打」也源於參拜時將納札打在寺牆上的習俗）；但也有少部分遍路者會從第八十八番大窪寺啟程，以逆時針方向完成遍路，稱為「逆打」；相較於為大多數遍路者而設立許多清楚標示的順打路線，逆打時遍路指標較少，也較容易因為錯過標示而迷路，然而傳說中逆打的功德是順打的三倍，因此也有極少部分具遍路經驗的朝聖者會選擇逆打參拜；而當然也有遍路者是不按照寺院番號順序自由參拜的，則會戲稱自己為「亂打」。此外，在一次旅程中參拜完八十八札所的參拜方式叫做「通打」，依遍路者自身時間允許安排分區、分多次完成參拜的方式則稱為「區切打」。

遍路既是佛教朝聖道，傳統上遍路者也有特定的裝束，從菅笠、輪袈裟、白衣、頭陀袋，到金剛杖、經本、納經帳、持珠等各自有其象徵及實質意義，但實際上並無硬性規定什麼穿著才能進行遍路。不過還是會建議遍路者至少準備白衣或金剛杖，原因是穿著白衣、持金剛杖能讓四國當地居民透過外觀即辨識出遍路者，方便在迷路或需要求救時得到協助。我個人覺得尤其重要的是寫著「同行二人」的金剛杖，金剛杖在遍路上代表著空海大師，也就是說持金剛杖，就精神層面而言，代表遍路道上即使獨行也有大師的化身相伴，而非孤身一人；就實用性而言，我的金剛杖在雨中泥濘的難所和山路上支撐並解救了我無數次免於摔成狗吃屎的危機。

抵達每一番札所時有一定參拜的順序與方式，即使是非佛教徒，我也覺得遵循順序參拜是個能讓心沉斂定靜下來的，很棒的靜心練習；參拜完後遍路者會到各札所納經所進行納經，由寺院的工作人員在納經帳、掛軸或白衣上題字蓋印，作為參拜證明。

遍路道上一路都有路標，目前遍路道上的路標主要是由「遍路道保存協力會」（へんろみち保存協力会）和其他地方遍路團體負責標示，「遍路道保存協力會」亦持續發行更新內容極為詳實的遍路地圖，是徒步遍路者不可或缺的重要參考資料。當然現在網路發達，使用手機的地圖導覽功能也非常方便，然而使用手機地圖導航往往是引導我們去走偏離真正遍路道的車道，至少對我而言，既然已經決心來走遍路，還是會想要依循遍路道的路線而行，就算要多花費一點心神找路標，不也正是徒步的樂趣。

除了氣候嚴峻，高山會降雪的冬季外，春秋季都是相當適合進行遍路的季節，但有些礙於時間、學業、工作、或其他種種個人因素的遍路者也只能在夏季出行了；規畫行程時，春遍路需要注意與日本黃金週重疊時期的住宿問題，秋遍路要隨時留心颱風季的天氣狀況資訊，夏遍路則更要著意防曬、補充飲水及電解質以避免中暑。

四國遍路原是佛教修行路線，遍路者在以往多以退休的高齡者為主，不過近年來四國遍路名氣漸大，來自世界各地的遍路者大幅增加，平均年齡層也逐漸下修。除了徒步外，也有許多遍路者選擇以開車、騎自行車或機車、利用計程車和大眾交通工具、及以遊覽車代步的旅行團等方式來進行，因此每個人都能依照各自的狀況和需求，規畫最合適自己的方式來完成遍路之旅。

遍路裝備及用品

遍路裝備及參拜用品均可於第一番靈山寺購入。

◉**菅笠**（すげがさ）：上面寫著代表弘法大師的梵字、「同行二人」，及「迷故三界城、悟故十方空、本來無東西、何處有南北」四句謁語。除蔽日擋雨的功能外，在寺院參拜或遇見寺院僧侶們時亦無須取下。

◉**白衣**（はくい或びゃくえ）：象徵遍路者清淨無垢的裝備，在古代為死者壽衣，也象徵著遍路者是抱持著隨時能在困難的行旅上死去，仍一往無前的堅定決心。

◉**念珠**（じゅず）：在寺裡或路途中誦經時使用。

◉**頭陀袋**（ずだぶくろ）：用來裝蠟燭、線香、納札、納經帳及其他遍路參拜用品的袋子。

◉**輪袈裟**（わげさ）：為環狀簡易袈裟，由頭部掛下置於兩肩之上，代表皈依佛門的意思，是遍路者朝拜時的正式裝備，用餐及如廁時需取下。

◉**金剛杖**（こんごうづえ）：代表弘法大師的化身，陪伴並引導遍路者前行。除作為大師同行二人的意義外，當然也是徒步時實用的登山杖，在以往有作為途中不幸過世的朝聖者墓碑的功能。此外因為相傳弘法大師曾於十夜橋下休息，遍路者在行經橋樑時有避免以金剛杖觸地，以避免驚擾大師的傳統。

◉**納札（おさめふだ）**：在納札上寫下姓名、地址與日期，並在參拜本堂與大師堂時分別投入一張進納札箱。可作為收到「接待」時的回禮，在與其他遍路者交流時亦有互換名片的用途。不同顏色的納札代表不同遍路次數，第一次到第四次進行遍路的遍路者使用白色納札，五次以上是綠色，八次到以上是紅色，二十五次以上是銀色，五十次以上是金色，一百次以上則是彩色的。

◉**納經帳（のうきょうちょう）**：在參拜結束後，持納經帳至納經所請求寺方墨書並蓋朱印可作為參拜證明。此外亦可使用掛軸請求墨書及朱印，白衣則只蓋朱印。

住宿設施

◉**民宿**：為家庭式經營的日式住宿設施，供早晚餐，多為和式房及共用衛浴。

◉**旅館**：傳統日式住宿設施，設備規模及服務都比民宿更完善，供早晚餐，多為和式房。

◉**商務飯店**：設施較一般飯店簡單，價格平實，通常不供餐，房間中有獨立衛浴。

◉ **宿坊：**部分寺院亦經營收費住宿設施，通常附有早晚餐、共用衛浴，晚餐後或隔日清晨有由住持主持的讀經或講道儀式，可自由參加。

◉ **野宿：**露宿或露營，在遍路道上路邊的遍路小屋、休憩所、露營區可野宿。惟須注意四國當地原則上公共場所是禁止露營的，如計畫搭帳篷過夜時，請務必先徵求當地居民同意。

◉ **通夜堂：**部分遍路寺院有提供為了各式法事需要的簡易住宿設施，但畢竟寺院並沒有提供住宿的義務，如非不得已必須投宿時，還請當場自行詢問寺方為準。（入住時多需要自備睡袋，通常為野宿者適用）

◉ **善根宿：**當地人善意提供的免費或收費極低廉的住宿設施。（入住時多需要自備睡袋，通常為野宿者適用）

常見用語

◉ **同行二人（どうぎょうににん）：**意指遍路道上有弘法大師同行護持，遍路者並非孤身上路。

◉南無大師遍照金剛（なむだいしへんじょうこんごう）：南無為梵語音譯，意味「皈依」、「禮敬」、「歸命」，其後常接佛菩薩名號。「遍照金剛」為弘法大師於西安青龍寺接受惠果大師灌頂時受贈法號，因此「南無大師遍照金剛」七字即代表著皈依弘法大師空海和尚的意思。

◉休憩所（あずまや）：遍路沿途由當地人善意提供的休息場所，設備不一，有時只是一兩張長凳，有些是可躲雨的小屋，有些附有留言本、及接待遍路者的手工紀念品等小物。

適合季節

主要集中在春夏秋三季，唯春季因與黃金週時間重疊，需妥善規畫住宿事宜；夏季高溫潮濕，戶外徒步務必注意防曬和預防中暑；此外夏秋亦為颱風季節，請隨時留意氣象動態。冬季山區可能會降雪，部分民宿會公休。若選擇冬季遍路需在住宿和交通上保持彈性，做好備用方案。

打包重點

衣著以快乾排汗衣褲為佳，除備用換洗衣物、個人慣用藥品及清潔用品外，不分季節皆需準備雨衣或雨具；長時間在戶外活動受日照曝曬，帽子（或菅笠）和防曬用品不可忽略，而打包時也請將後續還需要購入的參拜裝備和用品重量列入考慮。

四國遍路雖屬徒步健行活動，然步徑大多為平面道路，山徑部分占比約十分之一左右，因此不特別建議穿著沉重的登山鞋，反之輕便的健行鞋、越野跑鞋會是比較合適的選擇。襪子則以合腳、底部較厚、快乾的款式為優先，其中五趾襪因可減少趾間摩擦避免水泡為許多遍路者所推薦。

旅行預算

除往返交通費、個人旅行裝備和遍路裝備費用外，在過往以每番寺院納經費三百日圓、投宿民宿或商務飯店約七千日圓，再加上飲食開銷估算，建議每日預算約在一萬日圓上下；唯因疫情影響，各地住宿狀況不明，加之通貨膨脹因素，建議每日保守增加一千日圓以應不時之需。野宿者一日預算可以五千日圓來預估。

相關網站

四國遍路靈場會

四國遍路同好會

四國遍路分享處

在這個季節，這個瞬間，和這趟旅程上的這些人遇見

行走與故事只有一步之遙，
而每條步徑都在訴說故事。

——羅伯特．麥克法倫（Robert MacFarlane）

晨起從高知縣室戶的明星飯店離開前，請櫃檯幫忙打電話訂好了下個住宿點，慢吞吞地順著室戶世界地質公園的海岸步道而行，浪花翻湧拍擊在凹凸不平的礁岩奇石上，帶著海潮香氣的飛沫隨著初秋的涼風四處飛濺。張看停駐在遠處巨石上的海鳥，聽漁夫用濃重的高知鄉音和我介紹他剛採到的海菜，注視貝類曾經在此處存活並留下烙印的生痕化石，直走到礁石邊緣離太平洋最近的位置，深深呼吸，隔著這片汪洋遠遠而去，便是成長的故鄉。

孤身行走的人，千百年的古道，千萬年前因地殼變動而隆升出海面的島嶼，以及至今仍每千年升高約一公尺的海岸，古與今在此重合，時間的線性失去意義。若從遠處看來，說不定會覺得是幅寧靜的景色吧？然而我只能慢吞吞地前進，只因為每走一步，腳底的水泡都痛到我想尖叫。

步步痛楚地登上第二十六番金剛頂寺，是啟程以來步行距離最短的一日，還不到宿坊入住的時間，遊覽團在寺境內出出入入，參拜完後我隨意挑了張長梯旁蔭涼處的石椅坐下等待。一位大男孩背著有我背包兩倍大的裝備氣喘吁吁爬了上來，在我身旁卸下重擔落坐，黝黑的臉上滿是疲憊的汗水，我站起身走向自動販賣機投了兩瓶爽健美茶，順手遞了一瓶給他。

他顯然是意外的，但也沒多加推辭，一臉爽朗地笑著道謝後，豪快地接過清涼仰頭飲下。簡單互相自我介紹後，他笑說：「本是我該接待遠道而來的貴客呢，沒想到反過來接受了妳的接待。」

他叫新，他說，但比起新舊的新，現在他更喜歡介紹自己是嶄新的新。前不久結束摩托車環遊日本本島，目前正帶著全部的家當慢吞吞在走遍路中。

遍路上我遇到過幾位獨行的年輕人，每一位都有著滿滿的故事，新醬才滿二十六歲，長相看起來比年紀還小一些，原本是名校畢業的軟體工程師，幾年沒日沒夜的工作和加班生活，紊亂的作息和壓力搞壞了身體，一度胖到體重破百，工作中昏厥被送進急診。

療養中他想了很多，覺得無論如何不想再繼續這樣的人生了，跟爸媽好好談過後辭掉工作離開了東京，其後輾轉到日本各地的溫泉旅館或居酒屋裡打工，一邊思索未來，一邊旅行。因為年輕勤快又開朗，所到之處總是備受老闆和客人照顧，某次到了長野，無意中在溫泉鄉結識的機車行老闆幫他整備了台二手機車，於是便順理成章地開始了摩托車環日，這樣的遊歷生活已經將近一年。

「也這裡那裡都看過了，接受了很多恩情，最後在回到現實社會生活之前，想來走趟遍路，認真思考接下來的人生路，也想想如何把一路上受到的照顧回報給大家。」新醬露出一口燦白的牙齒：「聽起來很理想主義吧？」

從前的他，跟大多數現代小孩一樣，只需要負責讀書，一味追求偏差值，考上名校後，再順理成章找到聽起來頭銜很厲害的高薪工作，目標導向，不論做什麼事都以「成功」為優先，生活中接觸到的同儕家庭背景和經濟水準都差不多，人人都理所當然地認定世界是繞著自己打轉。

「過去我完全不懂得什麼叫感恩，學業也好，工作也好，總認為一切都是靠自己努力得來的，既無知又傲慢。一直到生病離職，開始獨自旅行之後，看到很多人努力生活著的姿態，才發現人生還可以有不同的選擇，在旅程中學到很多，也想通很多事。以前別說是不知道有四國遍路，就算知道了，應該也會說那是老人和人生出了問題想逃避現實的失敗者才會做的事，我一帆風順的，這麼辛苦幹什麼呢？沒想到，有一天自己居然會主動走上遍路道呢。」說著，又輕輕地笑了。

新醬問我為什麼會想走遍路？目前為止還喜歡路上的一切嗎？

喜歡呢！即使水泡很多，背包很重，走起來很累也很折磨，聽說今年四國島不但熱而且濕度特別高，突然回到東亞的潮濕燠熱裡，剛開始真心有點吃不消。但路上遇見很多人，看到很美的風景，思索了很多事情，也得到很多「接待」，常覺得何德何能。而每多走一天多累積一點距離，靠腳步慢慢建構起來的旅程，也慢慢開始產生很踏實的感受。其實之前有時越走會對自己越懊惱，這麼美好的遍路道，為什麼明明早已起心動念，卻偏要蹉跎了這麼多年後才真正踏出第一步呢？不過現在不會了。因為在這裡遇到你，讓我對自己十多年的等待這件事釋懷了。

新醬疑惑地轉頭看向我。

試想如果十六年前或甚至更早之前我就踏上了遍路道，當然體力一定更好，對當時年輕的我衝擊可能也更大，肯定也會有很多美好的相遇。說不定也會在路上遇見你和其他這次途中遇到的遍路者或接待過我的人。但想想看，十六年前的新醬也才九歲、十歲，跟二十多歲的我彼此之間有可能產生什麼深刻的對話嗎？路上照顧我的伯母大姐們，那個時候大概也都忙著照顧家庭跟小孩，一位隨機路過的遍路者可能只是她們生活中過眼即忘的尋常風景，或許根本沒有心力分神去顧及呢。

當然以上都是我的設想，不過很多事情都需要自己經歷過才能有深刻體會。《妙法蓮華經觀世音菩薩普門品》裡有句話叫「功不唐捐」，意思是只要付出努力終究不會白費。所以人生過程中沒有白走的冤枉路，我一直都這麼相信著。

或許，我只是多繞了點路在等你，但誰也不知道，說不定其實是你繞了遠路在等我，繞道等待的時間裡，我們各自有機會看到不同的風景，得到不同的體悟。直到今天，彼此都準備好了，才能在這個季節，這個瞬間，和這趟旅程上的「這些人」遇見，我並沒有來得太遲，你也沒來得太早，唯有在這個當下，一切都因緣俱足了，才能成就這場絕無僅有的一期一會。所以謝謝你的出現，跟我分享你的故事。

大男孩盯著我順手寫下在便條紙上的「功不唐捐」怔忡了片刻，像是在消化我說的話。很多感觸盡量用我有限的日語傳達了，不曉得他能不能聽懂？

又是那個爽朗的笑容，黝黑的臉龐，彎成新月的眼睛，新醬說：「我知道了，謝謝妳跟我分享這些想法。其實這一年來去了很多地方，遇見很多人，雖然一直試著敞開胸懷去面對人生，但我一直都還在想，到底為什麼我要經歷這些痛苦呢？是我抗壓性太差了嗎？是我不夠努力嗎？上天究竟是要給我什麼考驗呢？但聽完 Josie 桑的話之後，感覺從今以後我會用完全不一樣的角度去看待過去和未來發生的一切了。真是奇妙的因緣呢，在我最需要的時候聽到這些話，肯定是大師安排我們在這裡相遇的。」

我也笑了，其實沒那麼厲害，人到中年還是個現實裡渾渾噩噩度日的庸才，遍路都走了將近三分之一也還是不知道自己究竟為什麼要來。不過何妨，一路上的各種相遇都讓我越來越確定自己就是得親自來走這一趟，不論是出於何種原因，獨一無二且轉瞬即過的一期一會，我只要在每個發生的當下，坦然地去面對和接受就好。

時近三點，入住宿坊的時間到了，新醬還要繼續往前走，於是我們互道再見，祝福彼此，願人生路上時時有二人同行，一切平安。

▲▲▲　▲▲▲

進了宿坊，才發現因為早上幫忙訂房的明星飯店櫃檯是位初老大叔，宿坊以為要入住的是男性，便把我和一位法國男生安排在中間以拉門相通的榻榻米房裡了。住慣了歐洲青年旅館的我沒什麼忌諱，但入住時才剛認識的帥氣遍路者美由紀大姐可不依，她非常俐落地下樓跟櫃檯打了招呼，然後跟法國人講好，直接換房間後，又趕我速速下樓泡湯。晚餐時隨時注意我和其他投宿的住客互動，更不忘幫我介紹每一道送上來的各種皿缽料理。讓我突然有一種受專人照顧的微妙尊榮感。

徒步中的緣分妙不可言，有些人匆匆擦肩，有些人會留下深刻觸發，或深或淺的，都成為日後想起時閃閃發亮的記憶寶石。

隔天一早，和美由紀很自然地結伴走了三十公里到第二十七番神峰寺，途中停步休息時，美由紀好奇我明明水泡嚴重為什麼還能走得那麼快？

當我說：「既然都要痛，走得快點還比較能分心不去管腳上的痛，慢慢走痛感反而會更明顯。」她露出了恍然大悟的表情：「原來如此！」

一旁的老爺爺則默默地對我豎起了大拇指。

下山後美由紀就從山腳下的唐濱站直接搭車轉機回家去了，不過後續她一直跟我保持聯絡，常常以簡訊關心我的狀況。

完成遍路從高野山回到大阪時，她特地抽空帶我這裡那裡逛了大阪，一起去四天王寺找大師報到，到黑門市場鑽小路逛攤位、找各種小吃嚐鮮，在商店街拍很搞笑的照片，去了她大力推薦的串炸名店，也沒錯過從梅田藍天大廈展望的大阪夜景。

那趟最後一次碰面前，說好隔天要去宇治走走，美由紀還詳細地畫了地圖教我怎麼搭車到她家。

「先到我家來坐坐，下午再找時間開 my car 一起出去吧！」

早起搭車轉車到攝津市赴約後，手沖咖啡喝了，還配上專業營養師美由紀自己烤的超美味手工餅乾，咖哩飯午餐吃光了，還翻了翻她推薦的遍路書，到三十五層頂樓看了風景，參觀了大樓設施，下午一起去逛了書店、也買了衣服，我心裡有點著急但不好意思開口問，究竟什麼時候才要去宇治呢？不過美由紀是在地人，她一定自有安排吧？誰知回家後她說晚餐交給我吧，看需要什麼食材一起去超市買？

一直到這時候，我才突然意會過來：「美由紀，昨天妳問我想去哪裡，我想說也好久沒去了，不然就去『宇治』（Uji）吧！但是不是我外國人發音不標準，妳以為我說的是『妳家』（uji）啊？」

這一問，美由紀也傻眼了：「啊？原來 Josie 說的 Uji 是 Uji City 嗎？」

這雞同鴨講完全就是要去佳里結果被帶去家裡的日文版，兩個人相視笑到快瘋掉，也未免太符合大阪人的搞笑風格，美由紀說：「Josie，妳真的很適合來大阪，日文溝通又沒問題，要不要考慮搬到這裡生活啊？」

最終，我就這樣將錯就錯地一路煮完了晚餐，然後用櫻桃木烤了煙燻起司和腰果一起晚酌，莫名其妙但也很開心地在美由紀獨居的小豪宅叨擾了一整天。

也罷也罷，隨順因緣也是人生的妙趣所在，一期一會，一期一會啊。

順便一提，美由紀到現在都還跟我保持著聯絡，她利用忙碌工作中各種假期空檔進行的分段遍路花了四年多才終於走完全程，每一次上路，總不忘拍下途中的美景分享給我，是我非常珍惜的遍路友。

時間是治療傷痛的良藥

即便已過中秋，遍路道上還是照常熱到懷疑人生，炎天午後如果能經過一處遍路休憩所，哪怕只是屋簷下的一張長凳也讓人心生感激。

走到那個休憩所時，氣質優雅的女士正微笑地看著同行少女，少女正在挑選著擺在長凳旁當地居民手做的結緣小飾品，我打了招呼坐下，女孩回頭害羞地笑笑，年長的女士說前幾天在八坂寺曾經和我擦身而過，以為我已經走遠了呢。

啊，因為那天到松山的時間已經超過六點，隔天才能去第五十一番石手寺參拜，索性就多住了一天，順便去逛了松山城跟坂上之雲紀念館。不知道是休息還是道後溫泉的功效，我腳底的水泡已經好了大半了呢，明明前天還痛到受不了的。

女士看了我的鞋子，建議我把鞋帶改成從第二格才開始綁：「這樣楦頭會寬鬆些，腳趾比較不會擠壓在一起。我第一次遍路的時候也因為水泡吃了很多苦頭呢。」

第一次？請問您是走過很多次的遍路前輩嗎？

「走過三次了。因為這孩子喜歡日本和動漫，又對我老是來走遍路很好奇，所以這趟她媽媽就讓我帶她一起從溫哥華到日本來了。」女士看著棕髮碧眼的美少女露出親暱的微笑。

原來如此，還以為妳們是感情很好的母女一起來走遍路呢。四次啊，看來遍路真的會讓人上癮。

「是啊，會上癮呢。」女士望向遠處的天際，一瞬間露出若有所思的神情。「其實在第一趟遍路前，我有整整十二年不曾回過日本。」

尚子是備受寵愛的獨生女，從小經營貿易公司的雙親對她悉心栽培，並可說是有求必應。女子大學畢業後，因為她嚮往異鄉的生活，父母再如何不捨，還是放手讓她到加拿大留學。年輕的她對世界充滿好奇，跟壓抑的日本相比，溫哥華的一切都讓她覺得新鮮有趣且自由解放，期間因緣際會認識了後來的丈夫，畢業後又幸運地很快找到工作，便順理成章地留在加拿大成家立業，日本也就成為一年才能回去一次的故鄉。

儘管遠隔重洋，尚子幾乎每週會跟母親通電話，雙親每年都會過來探訪，順便和尚子夫婦一起出遊，家人間的關係很緊密。她也和丈夫認真討論過未來退休後是否要搬回日本，或者把父母接到加拿大來一起生活。平靜的日常如流水，自然到無需猶疑。

某個寒冬深夜，好夢方酣時，尖銳的電話鈴聲畫破寂靜的黑夜，一通來自日本的越洋電話，從此改寫了尚子幸福美滿的人生軌跡。前一夜，小偷潛入尚子娘家的獨棟透天厝，或者異響驚動了主人，眼見形跡敗露，闖入者與男主人發生激烈肢體衝突。一直到隔天公司員工因聯絡不上老闆而上門查看時，才發現尚子的父母雙雙倒臥在血泊之中，一場竊盜最終演變成令人遺憾的強盜殺人案。

「接到那通電話時，我聽不懂，真的完全聽不懂對方在講什麼，沒有現實感，不能理解發生了什麼事，只知道姑姑一直叫我趕快回家。然後我心想，回家？為什麼不是媽媽自己打電話來叫我回去呢？」

既是獨生女，也就是喪主，父母後事當然要她出面操辦，然而事後她完全不記得自己回去做了什麼，所有的細節都由親戚幫忙安排處理好，她只是像個遊魂似地出席、答禮。機械式地應對和處理必要本人簽字或到場的後續。接著就在丈夫陪同下回到溫哥華的日常。

只是那個日常，再也不是同樣的日常，習以為常的世界崩塌了，但她無計可施，當情緒慢慢回歸到現實，洶湧的哀傷才鋪天蓋地而來，她時而茫然，時而悲痛，怨恨強盜如何能無情痛下毒手；責怪自己當年離鄉背井，受盡父母恩澤，卻任性獨留雙親在故鄉完全沒盡到為人子女的責任；回想起兒時父母對自己的嬌寵，那些天倫之樂的回憶是自己曾被雙親深愛過的證據，讓她溫暖，也讓她感到絕望窒息。所以她投注更多心力在工作上，花更多時間去圖書館做志工，讓自己轉移焦點。就這樣，尚子在憤怒、悲痛、自責、麻木、冷眼、振作、陷落等種種情緒中無限痛苦循環。於是除非必要，她幾乎斷絕了與日本親友的聯繫，也不願再踏上日本的土地，只因為任何與故鄉有關連的東西都會讓她想起那些過去，刺激那個像是永遠不會結痂的傷口。

「我知道自己只是在逃避，可是那時候我也不知道能怎麼做。」尚子淡淡地苦笑。

都說時間是治療傷痛最好的良藥，隨著時間流逝，波動的情緒終究慢慢和緩了下來，尚子漸漸願意在朋友邀請下參與和協助一些日本人社區的主題活動，結交新的日本同鄉。有次從香川探親回來的朋友帶了第七十五番善通寺的御守送她，聊天中尚子才第一次知道四國遍路。不久後在旅遊雜誌上又看到關於四國遍路的報導，引發她的好奇，更深入去了解，得知許多人是為了幫已故親人祈求冥福而去走遍路後，便也生起了為雙親走一趟四國遍路的想法。然而去國經年，光是重新踏上日本土地這件事對當時的她都顯得沉重又難以想像，因此她猶豫再三，最後是丈夫的鼓勵幫她踢了臨門一腳。

「第一趟走遍路的時候真的很辛苦，不只走路很累，背包很重，在路上看到老人家時，總會想到爸媽如果還在的話，差不多也是這個年紀了吧，整天都在想這些事情，感情上過於飽滿，所以剛開始每天晚上睡覺前都在房間裡痛哭。一直哭到高知都要走完了，才開始覺得比較平靜，慢慢能夠把焦點從那個漩渦裡面轉移出來，有餘裕去注意到路上的風景，感謝收到的『接待』，好好地去看每一座佛寺，也開始更用心地去進行參拜儀式。參拜的儀式其實也是很療癒的過程啊。」

就這樣邊走邊透過投入參拜誦經的儀軌療傷，尚子思索了這個影響她人生至大的事件，思索了過去和父母的關係，也思索了自己未來的人生，同時經受著徒步帶來的痠痛疲憊，也學著與自己內心的遺憾怨恨和解。儘管問題和傷痛不可能靠著一趟徒步就得到徹底解決，但至少那是個很好的開始，她說。

走到最後一所第八十八番大窪寺那日，尚子在本堂供奉的藥師如來面前痛哭失聲，對父母的思念和祈願支撐了她整路風雨無阻前行，而沿途受到的接待和祝福如此溫暖，百感交集中，終於她能在事隔十多年後重新感覺到「活著真好」。

因為在遍路中獲得的莫大勇氣，回到加拿大後的尚子在生活和工作上也有了不一樣的想法，並且更樂於嘗試新的機會和挑戰，丈夫和周遭的朋友看到她的改變，也因此對遍路充滿好奇，她樂於和人分享遍路上的一切，說自己在這條路上重獲新生。四國變成她的另一個心靈故鄉，每當遇見難解的疑惑或需要沉澱時，就會想來走一走，前前後後和先生也來了四國好幾次，這一趟，已經是她個人的第四次徒步遍路。

在第五十三番圓明寺前參拜完後，尚子和碧安卡要搭電車回松山，我則繼續往前，於是便在此道別。岔路口前尚子給了我一個大大的擁抱：「去享受徒步，享受汗水和疲憊，希望妳得到很多很棒的接待，有更多美好的相遇，我相信這趟遍路一定會改變妳的人生。」

九月秋陽下尚子的笑容和煦，閃閃發亮。

Per aspera ad astra，願你已達星辰

在路上，大多數時間心情上都寧靜淡定，或至少是一種願賭服輸的心平氣和，不過儘管罕見，偶而我還是會對自己大發脾氣，往第六十八番神惠院的途中便是如此。

明明一早天清氣朗，溫度宜人，走到岔路口前幾度回頭，還看見民宿岡田的岡田爺爺和媳婦站在屋外對我揮手道別。往第六十六番雲邊寺的山路在昨天晚餐會後已經聽岡田爺爺詳細解說過，該在哪裡轉彎，該在岔路時走左或右邊，看見什麼標示時該往哪個方向，都交代得清清楚楚。儘管是難所，步道狀況其實也沒那麼嚴苛，早晨的上坡走起來甚至讓人覺得神清氣爽。

從雲邊寺下山後，經過結實累累的果園，忙著穿梭在果樹間工作的老爺爺叫住我，從樹上摘下幾顆蜜柑遞過來，是讓人感激的「接待」。一路輕鬆愉快地抵達第六十七番大興寺，當地正在舉辦遍路活動，寺境內人潮洶湧，幾位當地大姐們在長桌前介紹寺院，介紹遍路，

知道我是徒步遍路後，好奇地問了外國人遍路時會感到困擾或覺得有趣的事情是什麼；一位遍路大前輩送了我兩百多次遍路巡禮的納札做紀念；另一位大哥知道我深受水泡之苦，還特地跑回車上去拿了一盒彈性透氣OK繃給我，這些無所預期，來自當地人的善意是遍路道上最觸動人心的祝福。

離開大興寺，對照筆記上岡田爺爺的說明繼續行程，在岔路口轉向，走著走著，卻越來越不對勁，比對了遍路黃本地圖，開啟了谷歌地圖，最後終於確定，「我迷路了！」也罷，確認自己偏離遍路道已遠，但沿著眼前的馬路方向依舊正確，終究是能接回遍路道的。時間已近中午，白熾的秋陽當空，不如先找個涼亭休息用餐順便研究下路線。

休息後重整精神，順著馬路再度往前出發，晌午過後日照開始銳利灼身，路上不見任何行人，眼前的道路像是沒有盡頭，汗流浹背中漸漸失去耐性的我對照谷歌地圖，發現自己不知在何處錯過了一個岔路而再度迷途，原本不到一個半小時可以解決的七公里步徑，鬼打牆似的讓我走成了十二公里，又熱又渴的煩躁下，我開始邊走邊對自己生氣，氣到越走越快，氣到忍不住抓著金剛杖杵地。

情緒其實來得快去得也快，發完脾氣後就立刻後悔了，明明是自己的疏忽，卻居然用代表大師同行二人的金剛杖在遍路道上發洩對自己的煩躁，這個念頭霎時令我羞愧不已，趕緊收攝心神重新專注在腳下。

▲▲▲　▲▲▲

在終於靠近第六十八番的三架橋上，迎面逆向而來一位清瘦的年長遍路者，他攔下我開口問這條是不是往第七十番的遍路道？我自己都還沒走到第六十八番（六十八番與六十九番兩間寺的位置相鄰），自然還不確知第七十番的路徑，但印象中徒步往七十番的確需要回頭過河後左轉，於是我回頭張望了一番，發現從自己來的方向不會看見，貼在橋墩上的遍路小人標誌，便順手指著回應對方，那的確是往第七十番的方向，可以看見遍路指標就在那裡喔！老爺爺露出溫和的笑容：「我眼睛看不見。」

在我愣神的片刻，他道過謝，我也回了句不會，接著便錯身往各自的方向而去。只是我忍不住一再回頭，心裡充滿疑問，難道我一路溝通無礙的日文其實是這麼差？老爺爺說的是他看不見嗎？我一定是聽錯了吧？是吧？是吧！想著想著已經走到第六十八番，我便把這件事情放下了。

那晚因為靠近第七十番的民宿旅館客滿了，只好多走一段去投宿附近的商務飯店，這是正式進入香川縣的第一日，理所當然該用讚岐烏龍麵來當晚餐。當我吃飽喝足還順路到附近的大型連鎖超市做完隔日零食補給後，在車行快速的大馬路口等待紅綠燈時，不經意看了眼同樣在旁邊等待的長者時，好奇心讓我實在忍不住向他搭話了：「不知道您是不是下午在六十九番出來不久後和我問路的那位遍路者呢？」任何只有短暫交錯的對象，在脫掉遍路裝備後看起來大概都不太一樣，所以我也沒有把握自己是不是認錯人了？

老爺爺笑了：「剛剛真是謝謝妳了，我記得妳的聲音。」

聊起來才知道我們這天都住在同一間商務飯店，便一起走了回去。到前台取鑰匙時，老爺爺向櫃檯人員問了明天往第七十一番的方向，櫃檯大叔有點為難地說他也不確定：「不過這位小姐好像也是要往第七十一番吧？你們說不定可以一起出發？」

我倒是無所謂，但老爺爺很怕麻煩我，在我不斷強調自己也都很早起，完全不影響行程的保證下，便約好了隔天七點在櫃檯集合一起出發。

那時候的我並不知道，這場相遇將會成為我徒步人生中宇宙級的奇蹟。

既然要一起出發，隔天在路上當然免不了要互相簡單自我介紹，老爺爺姓遠藤，老家在群馬縣，退休前雖然一直住在東京，但母親是德島人，因此對四國也很熟悉。我不免好奇他在抵達七十番之前難道都是獨行的嗎？他笑著說，的確是獨行，眼睛看不見就慢慢走，中途還遇見強烈颱風，當時高知風災嚴重，他不得不先回家等待了快兩個月才能重回遍路道。我無法想像一個眼睛不方便的人是要怎麼獨行，自詡方向感很好的我都常在路上迷途了，遠藤爺爺難道都不曾迷過路嗎？

當然有，迷路是他的日課，最長的一次在高知往愛媛途中，因為錯過一個岔路，在人煙罕至的道路上走到終於有人將他攔下，告訴他走錯路了，一來一往多走了十二公里呢。說真的，當下我不明白這種事情怎麼能帶著笑容如此平靜地說出來？畢竟徒步時多走一步對我來說都是折磨啊。聽到這件事情後，我覺得自己實在沒辦法放他一個人獨行，於是便建議接下來的旅程不如結伴完成吧？

遠藤爺爺非常客氣，他擔心自己會耽誤我的行程，我則再三對他說明，其實我走得太快了，進度早就超過預期，這幾天一直在想著這樣匆促趕路反倒錯過許多好好欣賞風景的機會，我覺得這是大師的安排，讓我得以放慢速度去享受接下來的遍路道，反正一樣都要走到第八十八番大窪寺，早兩天晚兩天根本不成問題。就這樣，遠藤爺爺和我正式結伴同行。

說是同行，但大部分的時間是我走在前面，讓遠藤爺爺看著我的背影作為導航，從每日閒聊中我也才漸漸瞭解到他的眼睛並非天生有疾，而是來自家族遺傳，且只在成年男性身上才會顯化的基因。他出身東大經營科，是十足十的菁英，畢業後順利進入知名商社，一路順風成為高階主管。然而疾病陰影終究在他五十多歲時到來，視力是逐漸惡化的，儘管與同世代的人才一樣都取得終身任用，謙遜負責任的他為了不給同事和下屬帶來麻煩，最終還是提出了自主退休。

遠藤爺爺總是帶著笑容雲淡風輕地說他的經歷，我卻無法想像那種心理上的掙扎困頓，他還反過頭來安慰我，其實現在也不是完全看不見，雖然只剩下光影明暗的對比，但他看得出我個子很高，走路時背影總是很挺拔，讓他覺得非常安心。

我注意到遠藤爺爺在進入每一番寺院去到本堂前，總要先取出一張黑白照片放在一旁，在和我確認過供奉的是哪位御本尊後，才開始進行參拜儀式，照片中是一位眉眼溫柔的女性。過了好多天後，才在聊天中得知那是他的母親，之所以堅持來走遍路，正是為了供養逝世六十週年的母親。他的母親和外祖母在八十年前也走過同樣的遍路道呢，遠藤爺爺說著，笑容中帶著溫暖的自豪。我忍不住說遠藤爺爺你好孝順啊。他又笑了：「就是因為想孝順也沒辦法，現在才只能用這種方式盡孝啊。」那是一種難以用言語表達的深深孺慕。

遠藤爺爺記得所有御本尊相應的歌詠，對佛教與神道教研究甚深，熟知神佛菩薩的典故，甚至早在遍路之前便已經獨立完成西國三十三觀音靈場巡禮。他常常跟我分享日本神道教和佛教的知識，以至於我一度以為他是研究歷史出身的。然而他只是感興趣，喜歡閱讀，而且涉獵頗廣，除了學識豐富外，也擅長書道，又因為眼睛不方便的關係，其他感官反而變得更加敏銳，對身邊的人事物觀察和感知力超乎常人，甚至能透過幾句簡短對話就從用語和腔調分辨出對方的故鄉。

偶然同行的今川阿姨私下跟我說，遠藤爺爺就是他那個世代很典型的日本男人，低調、謙遜、寡言、耐力強，而且絕不喊苦。遠藤爺爺卻告訴我，他就是個 average，身高中等、體型中等、能力才智各方面都中等，像他這樣 average 的人，這一生卻受到很多來自他人的善意眷顧，他非常感恩。尤其他的家人，即便百般不放心讓他獨自上路，卻願意理解他懷抱多年，又獨自默默計畫六年才成行的願力，支持他踏上遍路旅程，唸幼兒園的孫女還畫了圖幫他加油，所以他不努力不行啊！

某次上坡，回頭望見遠藤爺爺停下腳步露出不太舒服的表情，詢問之後，才知道他的心臟偶而會有像是漏拍一樣的心律不整現象，但醫生說那是自然老化，無計可施，於是我就更加留意自己的速度，提醒自己輕鬆走。

跟遠藤爺爺同行也有獨行體驗不到的許多樂趣，除了從他的講解敘述中學到許多歷史掌故和日本民俗外，一起用餐時，也學到了道地的讚岐烏龍吃法，去了他介紹的餐廳吃到香川當地才有的鄉土料理，偶而聊一聊看過的日本文學作品，還一起去了階梯像是沒有盡頭的金刀比羅宮，當然又在那裡聽了有趣的故事。不過在每日辛勤跋涉後的晚餐時間，我只能和其他遍路者一起就著冰涼的啤酒乾杯，原以為遠藤爺爺不喝酒，後來才知道他其實善飲，是為了走遍路發願，一直忍耐著要等到成願後才能享受。

對於遍路道，遠藤爺爺有自己的堅持，就算有替代路線，他和我一樣也總是寧願選擇比較難走的原始遍路道。印象最深的是從第八十四番屋島寺下切的那段大雨中的古遍路道，當其他遍路者都選擇走車道避開山徑時，我們冒雨繞經廢棄的飯店建築，在盤根錯節的濕滑山徑上，眼睛不方便的他，憑藉著我一步一提示的陪同下，遇見野生山豬，滑倒兩次，戰戰兢兢地又有點狼狽不堪地，仍然在黃昏前趕抵第八十五番八栗寺完成納經。那日於我而言或許是第十二番燒山寺以來最艱辛的一天，除了注意自己的腳步外，還要分心留神跟在身後的他，山道上沿途精神緊繃，饒是如此，遠藤爺爺也沒有半句抱怨，反而一再而再地對我稱謝。

不諱言有些在路上遇見的遍路者私下說過我並不需要這麼做，畢竟要照顧這樣的遍路者很麻煩，但我覺得自己其實也沒做什麼，路終究只能各自靠自己的雙腿去走，既然方向和目標都一致，比起預估完成的日期也還多出一大把時間，有機會能一起走到結願也是難得的緣分啊。

走到第八十八番大窪寺後，我們再一起走回第一番靈山寺滿願，我便和要到德島親戚家的遠藤爺爺先暫時道別了，沒有特別約好在高野山碰面，總之一切隨緣。後來去供奉著入定中的空海大師的高野山御廟納經時，遠遠地看見了他的身影，打過招呼後，便相偕一起去吃了甜點，鄰桌的外國人好奇我們的遍路裝束，經過簡單介紹，遠藤爺爺拿出他蓋滿八十八番印章的白衣請我翻譯，說那件白衣將會是他未來故去時的壽衣，看著他臉上滿足又清朗的笑容，除了字面之外，無法翻譯出我對眼前這位長者的深深敬佩。

遠藤爺爺記得我喜歡「善哉」（ぜんざい，即日式紅豆湯），說如果回大阪之後有機會

碰到的話，一定要一起去法善寺的名店「夫婦善哉」吃一碗「善哉」，然後也可以找個居酒屋乾一杯了。可惜後來回到大阪時，畢竟是繁華雜沓的大城市，我和遠藤爺爺沒有機會再見。高野山上送他到投宿的惠光院前一別，也是我們結伴的旅程終點。當然，後續我們仍然保持著聯繫，由遠藤爺爺的太太美智子奶奶代筆，每年一兩次的魚雁往返。

在我走完PCT回家後那個年末，照慣例寄去了年賀狀，半個月後收到遠藤太太的回函，不知為何拿到的那一刻我心裡便有了不妙的預感。

遠藤爺爺去世了，是胃癌，但在檢查出來之後他積極配合化療，努力運動復健，從不喊苦，在最後尚且主持了遲婚長女的婚禮，精神奕奕地親手將愛女交到女婿的手中，滿場賓客都沒有察覺遠藤爺爺的病情呢，遠藤奶奶特別強調。她還說，遠藤爺爺在聊到遍路時總是要提到我，說如果不是我，他恐怕沒辦法那樣順利的完成，對此他非常感謝。

而遠藤爺爺不知道的是，我從他身上學到的比他以為的更多，那些徒步知識、打包技巧都可以靠著經驗的累積去摸索，但身為人生大前輩和遍路夥伴的風骨，再無他人能及。

Per aspera ad astra，願你已達星辰，與心心念念的母親重逢。

徒步在歐洲

聖雅各朝聖道

原始之路 325 km / **北方之路** 865 km
葡萄牙之路（波多） 252 km / **世界盡頭之路** 122 km

GR221 140 km

part 2

1704 km

關於聖雅各朝聖道、GR步道

聖雅各朝聖道

聖雅各朝聖道，是一條天主教朝聖步道，有許多不同路線起點，共同指向同一目的地，西班牙西北部的城市——聖地牙哥．德．孔波斯特拉（Santiago de Compostela）。

相傳九世紀時在目前聖地牙哥．德．孔波斯特拉主教座堂（Santiago de Compostela Cathedral）所在處，即古代被稱為「繁星原野」的地方發現殉教使徒聖雅各的遺骸，從而吸引絡繹不絕的虔誠天主教徒由各地前來朝聖、祈求赦免罪愆，此城也因此成為與耶路撒冷、羅馬齊名的天主教三大聖地之一。

最早的聖雅各朝聖道是起自奧維耶多（Oviedo）的「原始之路」，但後來自歐洲四面八方而來的朝聖者又陸續發展出了許多不同路線，其中最知名的「法國之路」（Camino Francés）更於一九九三年被「聯合國教科文組織」（UNESCO）登錄為世界文化遺產。儘管聖雅各朝聖道有不少路線，但對很多歐洲的朝聖者而言，聖雅各朝聖道是從自家門口開始的，出門踏上朝聖之旅那一步，就是朝聖道出發的起點。

由於路線眾多，距離可短可長，路徑又經常跨越國界，目前聖雅各朝聖道的維護分屬於不同單位負責，文化路徑主要歸屬由西班牙文化運動部門主導，實際養護工作則由路線經過的各省分負責。

步道信物是扇貝，朝聖道路上也有許多以黃漆箭頭和扇貝為標示的指標，有趣的是，在加利西亞省（Galicia）之前，朝聖者要依循的是扇貝圖示放射的方向前進，而進入加利西亞省後，則要朝放射狀圖示的反方向走，第一次走進加利西亞那天，囿於慣性，的確讓我數度花了幾秒鐘來猶豫確認。

而不論選擇哪一條路線，朝聖者都必須先取得朝聖護照，以便憑此投宿公立天主教庇護所，或私人庇護所，並在沿途投宿的庇護所、教堂、警局、提供朝聖者餐飲的餐館酒吧等處蓋章，如此在抵達終點時，便可以持朝聖護照至朝聖者辦公室作為申請朝聖證書的證明。依規定，聖雅各朝聖道可以採步行、自行車、或騎馬等方式進行，其中徒步者需完成一百公里、自行車和騎馬者則需完成兩百公里以上，才有資格申請朝聖證書。

以現行路線而言，絕大多數朝聖者選擇的「法國之路」的沿途設施和餐飲旅店應是最為完備，而不分路線，公立庇護所有限床位皆屬取先到先得，因此我在走「北方之路」、「原始之路」和「葡萄牙之路」時，偶而會遷就住宿，在午後四點多天色尚亮時即停步入住，這點也是規畫每日行程時需要留意的。

儘管聖雅各朝聖道和四國遍路一樣，原來都是具宗教意義的朝聖步道，但隨著資訊傳播，如今的朝聖者已未必都是天主教徒（好比在下我本人），也有許多為了挑戰自我、思索人生、追求體驗而上路的徒步者。而相較於四國遍路，聖雅各朝聖道上的朝聖者平均年齡層較低，但當然也不乏迷惑中年和智慧高齡者。我在四國遍路上遇見不計其數七、八十歲的遍路者，在「原始之路」上遇過年紀最大的則是來自西西里，一句西文、英文都不會說的七十六歲，被大家暱稱為「小嫩嬰」（Bambino）的老爺爺。

就自身經驗而言，不論是「原始之路」、「北方之路」、「葡萄牙之路」或四國遍路其實各年齡層都可以挑戰，長距離徒步的好處就是可以用合適自己的步調進行，隨經驗體力增強再慢慢調整行進速度，畢竟路一直都在那裡，就等有緣人去親近了。

進行方式

◉ **徒步：**至少需要步行抵達聖地牙哥・德・孔波斯特拉主教座堂前的一百公里才可申請朝聖者證書。

◉ **騎馬或自行車：**至少需完成抵達聖地牙哥・德・孔波斯特拉主教座堂前的兩百公里才可申請朝聖者證書。

知名路線

◉ **法國之路：**起點為法國西南部的聖讓 - 皮耶德波爾（Saint-Jean-Pied-de-Port），首日即需登高穿越庇里牛斯山（Les Pyrénées）進入西班牙巴斯克地區，途經布爾戈斯（Burgos）、萊昂（Leon）等大城市。為聯合國教科文組織登錄的「巡禮路」世界遺產。為聖雅各朝聖道最熱門路線，風景秀麗，除首日行程外，步道大致平緩，路況最佳，朝聖者也最多，沿途庇護所餐廳密集，在行程規畫上最容易調整安排。

◉ **原始之路：**起自阿斯圖里亞斯自治區首府奧耶維多市，全程約三百二十五公里。傳說中「原始之路」即第一位朝聖者阿斯圖里亞王國統治者阿方索二世（Alfonso II）所走的原始路徑，亦是現存最完整保留原始朝聖道狀態的路線，難度稍高於法國之路。沿途經過許多羅馬式及哥德式歷史建築古蹟，是探尋聖雅各朝聖道歷史、文化及宗教本質最佳選擇。步道維護偏向自然工法，較少人為斧鑿痕跡，人行相對其他路線也較少得多，除部分偏遠山村庇護所床位有限需注意入住時間外，大體上基礎建設良好，飲食、住宿皆屬設備完備，且路段經過山村、河流、水壩、懸崖、森林、草原等區域，風光無限。

◉ **北方之路：**自法國西南部小鎮聖讓德呂（Saint-Jean-de-Luz）出發，沿西班牙北部海岸西行，總長約八百六十五公里。途中經過大城聖薩巴斯提安（Donostia-San Sebastian）、畢爾包（Bilbao），路線大致位於山區，對體能要求高於法國之路。除夏秋季外沿途城鎮及庇護所較少，務必請做好適當徒步計畫，並規畫備用方案，避免抵達時間過晚公立庇護所已無床位的窘境。

◉ **葡萄牙之路：**是僅次於法國之路的熱門路線。從葡萄牙首都里斯本出發北上，全程約六百公里，沿途多為石板鋪就的道路，途經葡萄牙大城波多（Porto），全程庇護所及餐廳遍布，分傳統路線及經西班牙西岸城市比戈（Vigo）的海濱路線。

由於古代朝聖者是抱持著家門即是聖雅各朝聖道起點的概念，因而隨時間推移也發展出許多不同路徑，除了前述幾條外，較知名的還有銀之路（Via de la Plata，約七〇五公里）、英國之路（Camino Ingles，約一五五公里）、以及由法國東南部小鎮沃皮（Le Puy en Velay）出發西行七百五十五公里直接連結法國之路的路線，以及其他眾多支線。不過因為選擇這些路線（包括銀之路與英國之路）的朝聖者極少，沿途住宿飲食設施並不完備，尋找蓋朝聖護照章的地點可能也需要花費很多功夫，若有意進行，請務必審慎計畫評估。

常見用語

◉ **朝聖護照**（La Credencial）：朝聖者在正式出發前，可以到庇護所領取朝聖護照，沿途可在住宿點、教堂、警局、餐廳或咖啡廳等場所蓋章作為切實走過步道的證明。

◉ **朝聖者**（Peregrino）：當然就是指踏上聖雅各朝聖道的旅人。

◉ **庇護所**（Albergue）：分公立和私人兩種，概念近似廉價青旅，通常為上下鋪床位，有淋浴間、廚房及洗衣機可供使用。公立庇護所收費極便宜，但需出示朝聖護照方可入住，入住時間限於中午十二點過後，隔天八點之前必須離開，且非特殊原因（如生病）不得連續住宿兩晚以上，私人庇護所則無此限制。

◉ **廉價旅館**（Pension）：通常價格比正規飯店便宜，設備也比較簡單，有些還會附簡單的早餐，是需要屬於自己獨立空間過夜時的好選擇。

◉ ¡Buen Camino!：這是聖雅各朝聖道上非常重要的招呼、道別、祝福語。是祝福對方有美好的朝聖旅途，我的西班牙姊妹喜歡用英文版的直譯「Good way!」，但我始終覺得原汁原味的西文有一種難以用其他語言傳達的美好意境。

◉ **朝聖者證書**（La Compostela del Camino de Santiago）：朝聖者抵達聖地牙哥・德・孔波斯特拉主教座堂之後，需要到朝聖者辦公室（Oficina del Peregrino）憑朝聖者護照申請朝聖者證書。每天最早完成申請的前十位朝聖者還可以拿到五星級國營飯店天主教雙王酒店（Hostal de los Reyes Católicos）的餐券，到附設的餐廳裡免費享用午餐。

◉ **朝聖者特餐**（Menú de peregrino）：望文生義，就是供應朝聖者的優惠特餐。通常包含麵包、前菜（湯或沙拉）、主菜、紅酒，價格非常划算，少數餐廳還會有甜點或咖啡。

◉ **本日特餐（Menú del día）**：價格通常比朝聖者特餐多約兩到三歐元，但主食的選擇也比較多。

適合季節

聖雅各朝聖道四季皆有朝聖者上路，但主要集中在春夏秋季，原因是冬季西班牙北部山區也會降雪，而各公立天主教庇護所及部分餐館的營業時間有季節性，因此若選擇在初春、深秋及冬季走朝聖道，請務必先做好事前的規畫才不至於落入無法補給用餐、甚至露宿街頭的窘境。

打包重點

建議穿著同四國遍路。而除基本的備用快乾排汗衣褲及貼身衣物、個人慣用藥品及清潔用品外，睡袋為入住庇護所時的基本要求；服裝雖依季節而有厚薄之分，但絕對建議攜帶快乾浴巾、輕便保暖的中層和外套以及雨衣，尤其進入多雨的加利西亞自治區時，雨衣絕對是不可或缺的重要裝備。

旅行預算

除往返交通費和個人旅行裝備外，因應通膨，保守建議以一天四十歐元預算為標準，即可涵蓋投宿庇護所及餐飲費用。

其他建議

◉ **安全問題：**財不露白是出門在外的基本自保原則之一，在朝聖道上亦如是。重要的證件與財物請隨身攜帶，即使去洗澡時也是。路上聽到太多奇葩事件，請切記無論再如何相談甚歡也不要輕易將重要物品輕易交付他人代為看管。在路上認識的瑞士人把證件、信用卡和現金都裝進護照套裡掛在脖子上，不料在庇護所睡到半夜還是被人悄悄割斷吊繩偷走了。

◉ **簽證：**台灣目前入境西班牙無需申請簽證，但請留意憑台灣護照出入申根區（歐盟國家，含冰島、列支登士頓、挪威及瑞士）在半年內總計最多停留期限共為九十天。

相關網站

朝聖者辦公室

聖雅各朝聖道簡介

聖雅各朝聖道論壇

GR步道

歐洲的一個步道網路系統，主要分布在法國、比利時、荷蘭、西班牙、葡萄牙和安道爾公國境內，GR步道同時也是屬於歐洲長距離步道系統（European long-distance paths，簡稱 E-paths）的一部分，在不同國家有不同名稱（Grande Randonée／法文，Grote Routepaden／荷蘭文，Grande Rota／葡萄牙文，Gran Recorrido／西班牙文），但路牌都以GR加上步道編號作為標示方式，並由不同國家單位負責維護工作。光是在法國境內GR道長度加總便約長達六萬公里，其沿途的指引符號為上下兩道紅白橫向並列的矩形油漆標示（比利時、荷蘭、西班牙亦同）；盧森堡境內的指標為黃色油漆的矩型或圓圈；瑞士境內除矩形紅白油漆標示外，亦有鑽石狀的黃色油漆記號。

GR有許多知名路線，分別經過不同區域、地形及人文景觀，以法國境內為例，最知名的莫過於自荷蘭角港（Hoek van Holland）出發，南下穿越比利時、盧森堡、瑞士並貫穿法國直抵南方大城尼斯，總長二千二百九十公里的「GR五」了。「GR五」因路線行經法國境內的阿爾卑斯山脈，得以飽覽西歐最高的群山秀麗風光，並有機會目睹許多野生動物，在夏秋兩季常吸引無數徒步者前去尋幽探勝。

再如「GR四〇六」又被稱作「拿破崙之路」，步道大致依循拿破崙一八一五年由厄爾巴島（Elba）撤退時的軌跡而行。南起格拉斯（Grasse），北迄西斯特龍（Sisteron），長度約一百六十四公里。為避開沿途保皇黨城鎮的敵意，路線刻意經過阿爾卑斯上普羅旺斯（Alpes-de-Haute-Provence）的鄉野，亦穿越許多充滿魅力的山村及歷史悠久的城鎮，是一條結合自然風光和思古幽情的文化步道。

此外由東至西約八百六十公里貫穿法國境內的「GR一〇」，繞行整個布列塔尼海岸，長達一千七百公里的「GR三四」等，都是非常受歡迎的路線。

相關網站

法國及比利時境內
GR步道的實用網站

步道有一種魔力，容易讓人敞開胸懷

在路上大多數時間是踽踽獨行，即便偶然結伴或成群，終究只能是一步步親身踏過的行跡。步履不停累積的過程中，經常有深刻的腦內自我對談，許多幾百年前發生過的，以為老早已經遺忘的瑣事，會一件件、一樁樁，從閒置已久的記憶抽屜角落中翻飛而出。那些不管是曾經憤恨不平、委屈傷心、荒謬傻氣、開心狂喜、甚至當時毫無所感的情境，在獨行時會莫名所以的浮現，而因為隔著時間空間和人生經驗堆疊出的距離，在此刻回顧，似乎更能採取相對客觀的視角去評價解讀，從而得到姍姍來遲的恍然大悟。

當然徒步時體能上的消耗和由此而生的各種內心戲，並不會因為國度風土的不同有本質上的差異，但對不會西語的我來說，在聖雅各朝聖道的前幾日的確比較有身在異鄉的孤獨感受。

然而徒步同時也是非常適於交際的，畢竟目標清楚，方向一致，甚至裝束打扮都相去不多，快乾排汗衫、登山褲、健走靴或跑步鞋，加上掛著朝聖道精神標誌扇貝吊飾的沉重大背包。歐洲人普遍都諳英語，路上相遇時問問來歷，聊聊天氣，抱怨腿腳痠痛背包沉重，說說途中遭遇，歇歇腳一起飲食，分享下前路資訊，討論下今夜落腳處。半天光景，儼然已如相識多時，若再同走幾天，交情簡直抵得上多年老友。

步道有一種魔力，容易讓人敞開胸懷，或者是由於天高地闊人生地不熟，去除了許多現實生活中不得不交際的社會壓力後，更容易坦露本心。加上走在同一條路上，張望著相同的風景，經歷差不多的天氣，除非腳程相差太多，否則前前後後總會一再相遇錯肩，那感覺也跟工作中的同期，或學校裡的同學差不多。感情是一種很微妙的東西，步道上的情感尤其如此，來自肉體的疲憊痠痛，來自大量自問自答的反覆檢視思索，情緒和思緒會變得濃縮而凝練，那段期間裡相遇的夥伴間也會建立起深厚的羈絆。

然而也不是每位徒步者在剛開始都那樣容易親近，例如本就有同伴的徒步者，尤其是伴侶或夫妻，那樣的既成小團體有著自己的規則和默契，有自己一同經歷過的現實人生和目標設定，當然，也有屬於自己的難題。

在「北方之路」上曾跟一對英國夫妻前前後後數度照面，僅限於微笑和彼此輕聲招呼，最開始總是常在擦肩時無意間聽到老公各種碎念抱怨，老婆各種精準吐槽。過路希宏（Gijón），午後在咖啡廳歇腳時遇見老婆獨自一人，她說老公被她放生了，將近二十年的婚姻生活，累積多年的情緒和不滿在一次爭吵中完全爆發，但路線已經過了三分之二，徒步聖雅各朝聖道是她的夢想，就算用爬的也要走完，何況這是婚後第一次能夠不用遷就任何人完全自主的旅程，無論如何都不想放棄。拍拍她的肩膀，為我們兩個人的午餐買單，她原想拒絕，我說就當作是為妳長年的夢想加油，能有夢想是多麼美好的一件事，吵架也沒什麼不好的，獨處時光得之不易，就好好享受吧！她笑了，那個第一次也是唯一一次同行的下午，我們聊了很多，除去膚色、年紀、國籍、文化等差異，人類歸根究柢本質上都沒什麼兩樣，內心僵持不下的也就那幾個糾結，家庭、工作、情愛、小孩、自我定位，直如莫比烏斯環般循環不已。

終點那天在大教堂前的廣場再度相遇，兩人早已和好，臉上都是清清爽爽的表情，老婆露出一切盡在不言中的笑容，用力地擁抱我，說恭喜、也說謝謝。世上其實沒有什麼過不去的事情，就算有，時間也會毫不留情地抹去一切，不論是高山深河，或是星辰日月。但在那之前，我們還有選擇，放過僵持嘔氣，坦率迎向未知，前程未必似錦，細品之下卻總是多姿且多滋。

靠近盧戈（Lugo）的下午，在城外果園旁的休憩處喝水用餐，趁機脫下靴子讓腳趾透氣，順便伸展開這一路水泡和進入加利西亞後連日陰雨的憋屈。陸陸續續來了好多熟面孔，吃吃喝喝談笑間決定了晚上的住處，幾個女生說好多住一天，相約去逛盧戈老城區，晚上不醉不歸。休息過後再穿上鞋，豈知再上路後右腳根本舉步維艱，每一步發脹的水泡都痛到我呲牙裂嘴，走幾步就得停下深呼吸。最後我不得不一再催促擔心不已的亞麗珊卓繼續往前，承諾不論多晚一定會安全走到約定的青年旅館，開玩笑說務必請幫我留個床位別讓我露宿街頭，就讓我用自己的步調龜速前進。

不到十公里的平整步徑，最終花了快三個半小時，終於走到盧戈城門前時，那對剛繞行完古羅馬城牆、從貝杜榭多小村（Berducedo）開始每天在「原始之路」上照面的荷蘭老夫婦從對街出聲招呼，問我狀況如何？總是低調安靜、感覺謹慎嚴肅且從不曾互動過的兩人首次對我露出溫暖微笑，太太說從休憩處離開後看到我的樣子，擔心了一整路，現在看到我才終於能放下一顆心。我忍不住上前擁抱了她，老先生在一旁呵呵笑出聲來，對我說因為施力而讓左小腿肌肉代償的痠痛點頭表示非常理解。這兩位年過七十的長者是自波爾多出發，一路從法國西岸走下來的鐵打朝聖者，各種痠痛疲憊對他們來說都不陌生，沿途跌倒擦傷也是家常便飯，太太說不要耽擱我太久，讓我快快去青旅放下背包再來逛古城牆，期待晚上一起吃飯小酌。那一刻，我很清楚感覺到自己贏得了這對老夫婦的認同，那是一種來自同類發自內心對於徒步朝聖者這個身分的肯定，即使我們並不需要他人的認同來證明徒步對自己的價值，但這樣的善意仍舊令人感動而寬慰不已。正如同美國長距離步道社群裡的傳統，徒步者不會幫自己取步道名號，步道名號是其他徒步者幫你取的，無論出於玩笑或讚美，那是一種來自路上夥伴的認同和個人真實性格的體現。

我在情感波動上一向都是屬於中生代三疊紀恐龍等級的遲鈍。在「原始之路」的最後兩天和大帥哥埃米同行，前一年已經走過「法國之路」的他帶著我這裡那裡去看了各種朝聖相關景點，我說幾天前聖地牙哥還像是個不可觸及的傳說，現在卻想著剩下的十五公里，究竟是要加快腳步趕緊走完？還是該放慢腳步，認真享受這段最後的距離呢？

在蒙特杜戈佐（Monte do Gozo）望見聖地牙哥的時候，在廣場上和同伴們放下了背包仰望著天空的時候，甚至真正踏進了大教堂的時候，也許因為早已經被同伴們打了太多預防針，於是平靜的行禮如儀外，再沒有任何激動情緒。我並非教徒，甚至不能說是信仰任何一種宗教的信徒，而自稱不虔誠天主教徒的埃米說他連擁抱聖雅各塑像請求赦罪或祈願都覺得沒必要，我說我還是想去擁抱聖雅各雙肩，感謝祂一路護祐著朝聖夥伴平安抵達，埃米聽著笑了，說若然如此那就一起去吧。在教堂閒晃時才聽說那年是慈悲禧年，回頭找埃米一起去看了「慈悲之門」，理工直男埃米看著那道小門直說看不出什麼趣味啊？一旁的保全人員微笑著告訴我們，「慈悲之門」是以前大教堂的主教為了不讓窮人在寒冬冷風裡排太久的隊，於是開了此門讓大家能夠從距離聖雅各塑像最近的地方進來朝聖，果然是充滿善良悲憫的意涵。

不需要再趕路的閒散午後，已經走過五條不同朝聖道的派奇親手做了道地的巴斯克西班牙馬鈴薯蛋餅，止住了一夥人的轆轆飢腸。好男孩魯本和埃米除了和亞麗珊卓一起削完所有馬鈴薯皮，接著又搶著洗碗善後，連半滴水都沒讓我碰到。不得已，最後只好貢獻勞力為大家按摩肩背，賣老命把整群歐洲人個個按到呼天搶地，不想後面居然排起長長的隊來，沒收錢我真是虧大了。

跟西班牙人一起走聖雅各朝聖道的好處就是好吃好喝不踩雷，晚上一夥人前後泡了三間酒吧，從只有站位的小店餐前酒開始，到連併三大桌的餐廳，熟門熟路的派奇知道城裡所有風味地道的大小店家，不知道的話，路和餐廳都長在嘴上，這是美食家兼好爸爸派奇的信條。

也許是終於抵達目的地後心情因此放鬆，也許是離別在即讓害羞的人放下了無謂的矜持，杯觥交錯間，才認識十天不到的人，不分國籍年紀背景性別，卻又親又抱又十指交握親暱得像多年老友。若非因為徒步，因為共同經歷過路途中的一切，此情此景難以想像。

深夜裡踏著城中的石頭路晃回青旅，不知道是誰說改天再找時間一起走吧，大家都很有義氣地說好，但心知此去天各一方。我說四國遍路上有句話叫做「人生即遍路」，埃米說那也可以說「人生即朝聖道」吧？於是這許諾成為祝願，互相祈願一路平安美好。

一覺醒來後，趁著晨光一夥人又去了大教堂，從只進不出的「慈悲之門」再次進入，即將離開的幾人再度去擁抱聖雅各，報告自己即將返程，再一起散步回青旅。先是送走了亞麗珊卓和派奇，再是硬要陪我坐到不得不去趕車、趕飛機的魯本和埃米。

當夥伴們都一一離開後，那種心像是無處安放的漂浮感才開始慢慢出現，走回大教堂去參加了週末彌撒和大香爐燻香儀式，感謝人潮裡巧遇的安，陪著我在城裡周遊了一整個下午，兩個相識不過三天的女人，不同文化背景經歷個性，卻有著太多太多對應的相似處，如同照見鏡相中的自己，於是我開始相信自己會踏上聖雅各朝聖道的原因跟四國遍路其實並無二致，都是一種難以言說的不得不，一種非此時此刻不能成就的奇妙因緣。

少了熟門熟路的夥伴們帶路，儘管在舊城裡無論怎麼繞都會回到大教堂去，仍舊無端迷走了好幾回合。如水涼夜，我竟罕見地感覺到孤單，城裡頭多得是照過面或同走過一段的朝聖者，只是再多熟悉的面孔，也比不上自己真正認定的夥伴所能給予的那份安心和確信。分開才不過幾小時光景，已經開始那樣想念朝聖道，想念那群親愛的朋友。

然而說再見也是步道上的必修科目之一，遍路上我幾乎都是獨走，朝聖道上卻時常結伴成群，甚至偶爾會願意為了喜歡的朋友調整自己的速度和進度。只不過與投契的夥伴同行的感覺再美，終究不免迎來分離，而前程迢迢，能帶走的只有無盡的回憶、感激和祝福。

就像這天一起晚餐時，福瑞多特地過來告訴我，能在這裡見到我是多麼讓他訝異。因為在小鎮潘督埃勒斯（Pendueles）初遇時，他看過我腳底的水泡，也給了我一些建議，據說他私下與當時同行的理查講過，以我的狀況一定走不下去，最多三天就會自動放棄打道回府或渡假逍遙去了。

身為資深企業家和法國迷幻搖滾樂團「女人合唱團」（La Femme）主唱的老爸，幽默帥大叔福瑞多走過歐洲各地許多步道，見過許多人，就經驗發出的評論並不離譜。然而他有所不知的是，叛逆中年婦女一旦執拗起來可是很難被顛覆的，就算水泡再多，就算孤身上路，就算前無古人後無來者，用爬的都會堅持爬到終點。畢竟徒步不是為了誰，只為了讓今日的自己看見與昨日更不相同的景色。

福瑞多哈哈大笑做出結論：「我愛死這個女生了！」

如此這般，為「原始之路」畫上句點。

在骨感的現實裡，沒人有義務分擔自己的重荷

說到底，人類究竟為了什麼而徒步呢？最初是為了生存而不得不的採集漁獵果腹，再來是採查遷徙以尋得一方肥沃宜居水土，進入安土重遷階段之後又為了生活所需和生計而開始長途跋涉搬有運無，再後來是因為工作和發展而遠渡他鄉，這樣想來，就是一連串以「生」為前提而益發進化深刻的移動。

隨著文明發展，交通手段進步，物質豐裕且取得方便，徒步的需求和機會越來越少，生活穩定後，許多人卻反而開始有了想捨棄便利的車馬走向遠方的嚮往。人類是一種很有趣的生物，總是在追逐自以為的燦爛盛大，待得繁花似錦後，又轉頭想要返璞歸真，如此周而復始，永恆輪迴。

徒步在近年裡漸漸蔚為風潮，上路的人多了，在書籍和媒體推波助瀾下，更儼然成為一種流行趨勢。其實不論基於什麼理由出發，我想每個人都會因此有各自的獲得，無論那個結

果跟最初的預想是否若合符節。

在聖雅各朝聖道上，常聽人提到是因為看了《朝聖之路》（The Way）那部電影而決定上路的，這樣說的通常是亞洲人和美國人，而提到基督教和羅馬天主教信徒眾多的韓國人，如今大家可能會立刻聯想到韓綜《西班牙寄宿》（스페인 하숙）），然而在我二〇一六徒步時，則幾乎都是因為金南希二〇〇六年出版的《獨行的女人（二）》（여자 혼자 떠나는 걷기 여행 2），和她在二〇一三年與另外四位韓國朝聖者組團的徒步紀實影片，以及金孝善自二〇一〇起陸續出版的《聖雅各朝聖道》三部曲。至於南美人和歐洲人毫無意外就是為了宗教信仰，後者並常常對《朝聖之路》嗤之以鼻，就像後來在AT、PCT上聽到的不計其數歐洲人對美國的消遣奚落一樣，對歐洲人而言好萊塢就相當於商業化、浮華、天真、膚淺的同義詞，一如美國這個國家本身。留宿科尼爾亞那（Cornellana）修道院那天，同宿的法國老爺爺就對這部電影有諸多意見，從主角的背包掉進河裡、不得不夜宿河畔、到夜夜豪飲爛醉等情節，太過譁眾取寵，太過理想主義，太過理所當然的戲劇化和皆大歡喜。老爺爺走過很多不同路線的聖雅各朝聖道，只有美國人才會拍出這種四不像的東西，最後他斷然下了結論。

我只是微笑聽著，默默不語。或許吧？大多數人上路時未必真的需要什麼理由，但也會遇見懷抱著想得到心靈解脫、改變人生、釐清方向、沉澱自己、甚至是真心想要除罪得到救贖等目的的朝聖者，而有些人的狀況，或許更加戲劇化些。

▲▲▲　▲▲▲

那日暴雨狂風，泥濘而苦寒，出發時間接近加上風雨拖慢速度使然，昨夜一起晚餐的五個人很自然地成團。淒風苦雨中走了一大段路後，停下來吃早餐時在諸多考量下決定今晚走到廉斗（Liento）就喊停，羅雷多（Loredo）雖是個大城，但昨晚太多朝聖者同時湧入卡斯楚烏爾迪亞萊斯鎮（Castro Urdiales），擁擠的庇護所住宿體驗讓大家對於多數朝聖者公認的下一個目標持觀望態度。與其奮力趕路到最後還要在羅雷多重複一回昨夜的壅塞吵雜，還不如適時放慢速度，找一處安靜的旅宿過夜。

雨中上路是長距離徒步旅行時無可避免的狀況，冬末春初的山區氣候多變，走動時身體雖會發熱，偶爾依舊抵擋不住料峭春寒，緊握登山杖而裸露在外的右手一路都是冰冷的。神似艾瑪·華森（Emma Watson）的巴賽隆納美人艾巴因為背負沉重的背包而沿途抱怨腰背痠痛不已，澳洲人丹尼背在前面裝滿零食的背包已經浸濕成水袋，留宿廉斗公立庇護所是非常正確的決定，即使算上後來加入的嬌小法國女生娜塔莉，十四張床只有六人入住，空間仍十分充裕。庇護所的管理人顧盼間令我想起茱麗葉·畢諾許（Juliette Binoche），而且恰巧也叫做茱麗，纖細的她非常仔細地詢問了每個人走朝聖道的動機，認真做完記錄，又給了我們許多關於明日行程的詳盡說明和建議。挑了張靠牆的床位，趕緊沖澡洗衣讓身體溫暖起來，趕著在天黑前到鎮上唯一，且選擇實在有限的小雜貨店採購食材和補給品。

丹尼掌廚為大家煮了番茄肉醬義大利麵，加上在小店買的水果和白甜酒當飯後甜點和餐後酒，在一整天疲累的雨中步行後，趕在寒冷天空開始下起細碎冰雹前便能置身溫暖的室內，乾爽溫暖且飽足，得以如此收尾，讓我對於這一天沒有任何抱怨。

自然而然地，娜塔莉加入了這個昨天才形成的小小團體，透過她有限的英語得知她來自巴黎，從畢爾包出發沒幾天腳底已經水泡長到打結。「爛鞋子。」她說，把一切都歸咎給那雙貼著水鑽亮片的厚底運動鞋。我不擅探問，大多數時間裡總是看著前路，看著遠方，看著忽前忽後的同行者背影，小團體裡三個大男人都有很好的體能，我和艾巴的徒步速度也都算快，嬌小的娜塔莉緊跟著大家，看得出有些吃力，因此偶而我會稍微放慢速度陪她走在後頭。「爛鞋子。」她總是一再而再聳肩如此說。

出了羅雷多城後沿著綠意盎然的鄉野小路，最後會接到一段岩石崢嶸裸露的陡峭下坡路，一側是山壁，另一側便是大海，前一日的大雨讓山路泥濘不堪，石頭溼滑難行，負重又更加深了下坡時腰背膝蓋的壓力，數度手腳並用步步為營。

下了山岩，便是從大老遠就一直望見的美麗海灣了。脫下鞋襪赤足踏浪，沿著長長的沙灘前行，然而腳底的水泡不肯捧場，一步一步都得忍著痛意，跟時間賽跑，頂著午後的熾盛陽光，希望在日落前能趕到昨晚茱麗盛讚的那間梅魯埃洛（Meruelo）私人庇護所。

梅魯埃洛庇護所的主人米蓋爾夫婦溫暖好客，庇護所寬敞且整潔舒適，閒聊中無意瞥見米蓋爾頸上掛著高野山吉祥物高野君的鍊墜，一問才知他去年才剛特意到日本走完熊野古道。徒步話題大開，聊了我走過而他有機會時也想去的四國遍路，聊了他走過的「法國之路」和我們後續的「北方之路」行程，聊了他推薦的其他聖雅各朝聖道路線；遇上徒步同好話題永遠都聊不完，直到他太太催著我們上桌吃晚餐。由於布萊德和我都是從美國來的，米蓋爾還特地打電話讓他姊姊過來和我們一起聊天用餐，米蓋爾的姊姊在俄亥俄州立大學待過，前同事便是以聖雅各朝聖道為研究主題。人親土親，同樣來自俄亥俄，並且剛出版了本聖雅各朝聖道徒步記的布萊德與她相談甚歡；觥籌交錯間，我注意到娜塔莉不在，低聲問了一旁的克里斯多，他聳聳肩，娜塔莉說她不吃晚餐。

不久後娜塔莉下了樓，貌似百無聊賴在一旁坐著，艾巴招手示意她上桌，把自己盤裡的海鮮飯分了一半過去，娜塔莉也非常自然地取用了桌上的沙拉、餐酒和其他餐點，我沒想太多，晚飯後藉口疲勞，離開在爐火旁喝酒聊天打牌取樂的一群人，早早上樓把一干八卦和隱隱喧騰著的粉紅泡泡關在門房外。

對於前路，米蓋爾給了非常中肯的建議，包括未來要經過的省分、城市、值得留意的景點、各地特色飲食和各種食宿推薦清單。離開梅魯埃洛後幾日，我們先是到大城聖坦德（Santander）過夜，去吃了米蓋爾大力推薦的西班牙油條沾熱巧克力醬專門店，參觀了壯觀的大教堂；又因為艾巴腰痛而臨時決定在走到濱海桑蒂利亞納（Santillana del Mar）前，來個短距離悠閒日，便中途留宿在聖塔克魯斯德韋薩納（Santa Cruz de Bezana）一間頗受好評的私人庇護所。

這其間每逢到小酒吧或咖啡廳用午晚餐時，娜塔莉總會聳聳肩說她沒錢吃飯，於是結帳時我便都順便一起買單了。幾次，布萊德和克里斯多看著我搖搖頭說，妳人太好了，我卻沒意會過來，只覺得一份三明治和咖啡在低物價的西班牙也要不了多少錢，總不能讓她在走到大城市前徒步了一整天卻什麼都不吃啊。

那天剛過正午便抵達了聖克魯斯德韋薩納庇護所，在花園裡開始享受花草茶、日光浴和庇護所主人夫婦溫暖的招待。

除了我們之外，還有許多位慕名而來的德國朝聖者一起在此投宿，不知是誰拿出了一副塔羅牌，大家都好奇地一湧而上。人類的煩惱和欲求翻來覆去其實就那幾個主題，我在一旁安靜聽著，對牌卡的啟示倒也心有戚戚焉。輪到娜塔莉，她問了跟家人和母親有關的問題，她自稱家境富裕，對現實有滿滿的糾結，又矛盾地有著滿滿的辯解，為自己，也為家人，無視抽出牌卡的洞見，總有說不盡的理由鬼打牆一般去申辯當下的處境和作為。在越來越尷尬的氣氛下，人情練達又法語流利的女主人不動聲色地將她的話題接手過去，讓氣氛從如火如荼變成有些冷卻的塔羅諮商得以繼續進行，眾人也彷若無事的繼續談笑閒聊，我則隨手拿了本書上樓，回到無人的房間床位上翻看。稍後聽布萊德抱怨，娜塔莉纏著女主人講了足足三個多小時，不斷重複那些抱怨和辯白，直到充滿耐性和智慧的女主人不得不中斷對話去準備晚餐為止。

隔天在日麗風和中起行，途中停留午餐時，因為餐點分量頗大，我問坐在旁邊的娜塔莉要不要分享切成兩半的三明治？豈知她看了一眼撇嘴聳肩，面露嫌棄地說：「可是我不喜歡起司。」眾人隨意圍坐交談的大圓桌上瞬間陷入沉默。片刻後，一早在路邊重逢的韓國女生詠心把她自己盤中半個三明治裡的起司挑掉，遞給娜塔莉：「起司拿掉妳應該就敢吃了吧？」娜塔莉二話不說接過開始大快朵頤，克里斯多跟布萊德和丹尼彼此對看又搖了搖頭，詠心尷尬地對我笑了笑，而我感到無比荒謬，想不明白這究竟是什麼狀況？

天主教徒詠心和我在「北方之路」第二天就認識了，她從愛達荷州立大學畢業回韓國後職場上不甚如意，同工不同酬、工作分配差別待遇等性別歧視讓她感到憤怒而憋屈。趁著轉職前來朝聖道上思索人生與未來，因為同樣熱愛徒步和旅行，我們很有話聊，提到四國遍路，她說那是她下一個目標，雖然不知道何年何月才能成行。

午後抵達實際上並不靠海的小鎮濱海桑蒂利亞納，小鎮歷史悠久，古城保存完整，美麗的石砌古建築和窄小巷弄靜謐清潔且充滿濃濃歷史感。昨晚留宿在同一處庇護所裡的幾位德國朝聖者恰巧也選擇了同一間民宿，大家便約好了晚上一起用餐，隔天一早再到城外不遠處的阿爾塔米拉洞（Cuevas de Altamira）參觀。選定床位後，眾人各自解散打理自己，或到城裡參觀閒逛。坐在民宿天井的苦橙樹下等待衣物烘乾時，布萊德帶著一臉不豫之色從外頭進來，像是再也忍無可忍似地抱怨，娜塔莉剛剛直接跟他開口要了兩塊錢說是要去喝杯咖啡，沒有錢吃飯，沒有錢喝咖啡，但永遠不缺錢買菸草和捲菸紙，大家只是路上萍水相逢，非親非故的，難道她覺得能一路蹭到終點？

反應遲鈍的我這才終於理解過來，原來娜塔莉是真的沒錢。我還以為相遇後一路經過的都是農村小鎮，她不過是沒機會從提款機取錢罷了。畢竟這種狀況在我看來太過匪夷所思，決心走一條長距離步道可不是兒戲，沒有詳細計畫，沒有充分的基本預算準備前提之下，怎麼敢獨自上路呢？

艾巴進來，說娜塔莉問了晚上大家要在哪吃飯？她先去晃晃，晚點會自己先過去等。布萊德和我無奈地對視，這一題有點難解啊。

德國大叔路德維希幫大家訂的是間有點高檔的坎特布里亞省（Cantabria）特色餐廳，十多人圍著長桌入座，氣氛融洽，直到點餐時娜塔莉直白表示她不用餐，路維希德笑笑請服務生為每個人上了杯紅酒記在他帳上，免去她最低消費的尷尬。席間娜塔莉就那樣毫不掩飾地盯著每個人的餐盤看，委實令我坐立難安，詠心幾度低聲制止我不要為娜塔莉點餐，德國酷媽妮可則直接說了，一個四十幾歲的成熟女人再怎樣也輪不到我去照顧。

男性徒步者的胃都是無底洞，最後又是艾巴把桌上的麵包推過去，我把碗裡的馬鈴薯燉魚，詠心把盤子裡的沙拉分了盤，娜塔莉狼吞虎嚥的吃相光是看著都讓我感到心痛，但又覺得自己這種心痛也未免太過高高在上視角兼偽善，每個人都有各自的包袱和人生課題，問題不在於旁人是否能善意相助，卻更在於當事人有沒有面對和解決的意願，而娜塔莉，至少在那個當下，顯然並沒有。

隔天一早背起行囊往城外的阿爾塔米拉洞博物館方向前進，去看舊石器時代晚期人類留下的繪畫遺跡，這裡同時也是第一處被發現留有史前人類壁畫的洞穴，除了滿布各處的動物壁畫如猛瑪象、野牛、馬、鹿和野豬繪像外，也有人類生活的遺跡留存。部分繪畫經過鈾釷定年測定後證實已經存在約三萬五千六百多年，是非常珍貴的人類文化遺產。

參觀途中突然察覺不見娜塔莉蹤影，問了下才知道艾巴一早找她談了，很直率地告訴她這樣毫無準備的行程是行不通的，好言相勸她先回家，朝聖道永遠都在，不論是在心情上或預算上都充裕時再回來走，或許是更好的選擇。儘管娜塔莉哭成淚人兒，艾巴還是明確地表達了大家沒辦法再一起同行的意見，留下娜塔莉在房中獨自飲泣。離開濱海桑蒂利亞納後，我便也再沒見過她的身影。

▲▲▲　▲▲▲

時至今日偶而想起娜塔莉和她的爛鞋子還是難免於心不忍，不知道她如今何在？是否已經找到跟自己跟家人和解的方法，得以身心安頓？也曾試圖以自己有限的想像力去同理，朝聖道在當時或許是沉浮於人生汪洋中的她寄予無限希望的最後一根浮木，只可惜在骨感的現實裡，誰都沒有義務去分擔她的重荷，以至於不得不貌似殘忍地將她拋下。然而換個角度，她的行為的確是非常唐突大膽的情緒勒索，何況對象還是素昧平生的陌生人，斷然拒絕以打破這個循環或許才是對彼此最好的做法，人終究得學會為自己負責任。

後來在其他條件更嚴酷的步徑上，也遇過幾個類似的例子，輕率成行的年輕人，除了熱情之外只有準備不足的裝備和資金，要說天真，或許更是愚蠢。我常思索著，究竟是什麼在召喚著人們前仆後繼地上路呢？匱乏時去向遠方是為了尋找安定的生活，是一種為了維持生命基本需要而生的向外追求，在物質豐裕後選擇徒步去向遠方卻是為了找尋內在難以具體定義的渴求和自我定位。這種由內而外，又由外而內的轉換，或許是生而為人無法擺脫的無盡追尋。

若非徒步，許多景色只是無緣得見的他人日常

因為朝聖夥伴埃米和芭芭拉的大力推薦，走完三條聖雅各朝聖道，又在葡萄牙晃了快兩週之後，我決定飛去巴利亞利群島（Islas Baleares）的馬約卡島（Mallorca）。

在這個號稱德國人後花園的地中海島嶼，從下飛機後就不斷遭到德語交相夾擊，讓人時時懷疑自己真的是身在西班牙領土上嗎？

由於是臨時起意安插的行程，機票在出發前兩晚才買好，頭一晚的飯店甚至是等飛機時才下訂，我的馬約卡之行沒有太多計畫，當然更沒有什麼必去、必看、必吃清單，除了芭芭拉大推的世界自然遺產特拉蒙塔納山脈（Sierra de Tramontana）之外。

四國遍路之前，任何旅行都要事先計畫，做足功課的習慣，因為兩趟皆破一千二百公里的徒步旅行而徹底改變。一個人的機動性高，又沒有蒐集景點打卡炫耀的執著，加上我因為在朝聖道上走得比預期快得太多，非常幸運又奢侈地剩下足夠多的時間，才能恣意又彈性地

安排接下來的旅程。

配合路線發達，但班次有限的交通網路，最後在島上的八天裡不僅上山走了朝聖步道，去法德摩薩（Valldemossa）參觀了蕭邦（Frédéric Chopin）和喬治・桑（George Sand）故居，泡了地中海，做了日光浴，還在帕爾瑪（Palma）舊城區裡四處悠閒地晃盪了快兩天。

去到高山，為的是一睹雄奇的山勢，也為了自古羅馬時代起，因應貧瘠土壤和稀缺水資源而建構起的石砌灌概水道網路，更因為芭芭拉提到附近有一些健行步道，可以視行程狀況挑選幾段走走。

實際上路之後，才發現這條路線不僅是健行步道「GR二二一」，還是天主教的朝聖路線，路線途經起源自十三世紀的馬約卡宗教朝聖中心——盧克修道院（Santuari de Lluc）。說來，這整趟旅程跟「朝聖」這檔事未免也太有緣了。原本只打算隨意走個一、兩天，當下興起決定不如全程走完。

在葡萄牙放空近兩週之後，走起山路倒是輕鬆愉快，「GR二二一」朝聖道大致沿著與馬約卡西北海岸平行的特拉蒙塔納山脈而行，面海一側為峭壁懸崖，儘管步道崎嶇而山石犖确，但能展望地中海景風光無限，經過梯田、農場、灌溉水道、石灰窯、用來儲存冰塊的雪屋、馬約卡獨特的乾石建築、可愛山村小鎮和必需手腳並用上下跨越的簡易木梯。

若非徒步，許多景色也只是無緣得見的他人日常，是觀光行程不會觸及的領域，偶而順著石塊砌成的古老步道前進，看著雄奇光禿山壁對比湛藍海洋；偶而在亂石密布的山徑上攀爬，烈日下望見畸零黃土坡面上開闢出的梯田果樹，長不見盡頭的石砌引水道貫穿其間；偶而有幾間飽經風霜的石牆平房包圍在矮樹花叢之間。顯而易見的嚴苛生活條件令我忍不住對於古人開荒闢地的毅力驚嘆不已，又總會好奇住在這樣幾乎與世隔絕處所的人們，性格是否和那痕跡斑駁卻堅持屹立著的石屋短牆一樣沉默堅韌，意志卓絕。

縱是靠海，長時間暴露在陽光下的步行還是讓人乾渴難耐，那幾天出發前總要一再確認自己帶了足量的飲水，每日進城留宿時也永遠記得去超市小店採買些輕便食糧，遇見餐館食堂就趕快進去補充熱量，如此下來，除去步行的疲累外，倒是整路安然。除了驢子和曬得一身黝黑皺摺的農夫，幾乎整路不曾遇見到其他走這條步道的行人，直到接近盧克修道院附近，才傳來人聲，依舊是硬邦邦的德文，真是親切。

半山上的修道院很美，規模宏大且清淨莊嚴，因為開放住宿，避暑的遊客人數也頗可觀，然人人輕聲細語，行止穩妥輕緩，像是深怕攪擾了這片寧靜。房間設施看得出已經為了觀光客而努力過，十分乾淨不過相對簡約，客室內沒有網路，也沒有電話，讓人安心的樸素。在修道院外的餐廳吃完晚餐，沿著修道院後山小徑登高散步後，一夜安穩好眠。

徒步第四天一早原來想隨性向右轉走十七公里左右到小山村印卡（Inca）逛逛，再接傍晚的公車回城；哪知到了岔路口，也不知是哪根筋不對，看著路牌想了三秒，毅然左轉走回難度較高，距離更長的向北步道照著官方路線去了，加上後來在終點小鎮熱心擅自幫我決定轉車點的司機大叔，也因此才有機會去了原來不在考慮範圍裡的東岸小城卡拉米勒（Cala Millor）。

整座島上的亞洲人還是相對罕見，留宿山上那日，甚至是整個修道院裡唯一的東方面孔，以至於隔日下午走完二十多公里山路步道，決定乾脆從波延薩（Pollença）搭公車到東岸海邊去的時候，立刻就被剛下順向公車的一群德國人攔下，原來他們昨晚也住山上，擔心我是否要回修道院卻搞錯搭車方向了？

▲▲▲　▲▲▲

在海邊度過超級悠閒的整整兩天兩夜，第一晚就遇上了有現場演唱的熱鬧夜市，去了擠滿觀光客的老人卡拉ＯＫ，品嚐了各種在地料理和地產酒，躺在沙灘上重讀了一遍從民宿書架上隨手抓來的《老人與海》（The Old Man and the Sea），更爽爽地開著窗畫寢了一個下午，毫無計畫的旅程，因為無所期待而恰如其分的圓滿。

回到帕爾馬（Palma），市區照例遊人如織，但那並不影響舊城區的美麗和獨遊者的心情，在經過鮮少人煙的朝聖道，和喧嘩繁華的大城市如波多、里斯本和馬德里洗禮後，似乎我已經找到了內在的平衡點，只要願意，隨時能切換成心遠地自偏的狀態。

比起塞好塞滿的緊湊行程，我更愛無所事事漫步城市小鎮的從容餘裕，說起來，出發去旅行和徒步究竟是為了誰呢？追逐所謂的必看、必吃、必買、必去，細究起來，或許只是一種缺乏自信的證明。

旅行於我，不在於蒐集了多少人云亦云的知名景點，旅程是否美好也不在於拍攝了多少到此一遊的自拍美照。為了輕裝簡行，路上看到再喜歡的物品也只能在深深注視，細細欣賞後，珍藏於心，忍痛捨棄。和許多徒步同好一樣，路途中我們逐漸割捨許多物欲，開始學著辨認真正的需求，品嚐簡單生活的況味。

而我是那樣深刻的覺知，此刻的我，與踏上這趟旅程之前的我已經有所不同；路途上遭逢的所有山川景色，風土人物們，各自以沉默卻絕對的方式，滲透、轉化、改變了我對自己，和對世界的相對位置與看法，那力量淪肌浹髓，無比深遂，終將成就我之所以為我。

明日，將飛向巴塞隆納。

▲▲▲　▲▲▲

重回巴賽隆納，這個美麗、奔放、任性、直率，又充滿危險魅惑的城市。在結束聖雅各朝聖道徒步旅程，轉往土耳其之前，我不想失去再次與她細細作別的機會。

停留的四天半中，照例去了許多早已去過的地方，優雅的聖保羅醫院（Hospital de Sant Pau），雕塑裝飾華美的加泰隆尼亞音樂廳（Palau de la Música Catalana），靜好的海上聖母大教堂（Santa Maria del Mar），摩肩接踵的米拉之家（Casa Milà）和巴特由之家（Casa Batllo），童趣的米羅公園（Parc Joan Miro），宏偉的主教座堂（Barcelona Cathedral）……，旅程中造訪那些過往曾一去再去的處所，對我來說有種故地重遊再見老友的親切，令人懷念而心神安然。

即使已經離開朝聖道，也在機場買了全區通行地鐵票，城市中依舊喜歡親身踩踏走過，那一日由奎爾公園（Park Güell）離開後，沿著陡長的馬路下行，道路上的指標指遙遙向飯店附近的聖家堂，看看天色尚早，索性一路走了下去，安步當車不就是長程徒步旅者的專長？

儘管本該是個遊人如織的怡人春日，途經之處馬路寬闊，建築偉岸，家家戶戶美麗多彩的木窗和鍛鐵陽台各具特色，卻不見任何其他觀光客，或許沒有人無聊如我，放著地鐵公車不坐，跳過打卡名勝不看，甚至沒有任何行程計畫，隨性浪擲寶貴的光陰。

而我穿行在明媚微涼的春光中，與尋常人家錯肩而過，隨性任意停駐，凝望沉思，偶然途經一堵長長的綠色圍牆，大門處鐵柵門洞開著，斜坡樓梯由下而上，連接至我所在的馬路，幾位媽媽推著嬰兒車，牽著大一點的孩子緩步而出。

好奇張看，圍牆後是位於半地下室的寬闊咖啡廳，隔著回字形建築的中庭廣場與看似幼兒園或小學，又似里民大會堂的設施默默相對；行旅中最是熱愛這樣充滿庶民生活的氣息，於是毫不猶豫地閃身而入。

吧台親切熱心的連珠炮西語讓我有些招架不住，但點拿鐵（Cafe con Leche）總不會出錯，溫暖熱飲適時滿足了咖啡因的需求，糕點儘管是差強人意，但一屋子西班牙語和加泰隆尼亞語交響中，不曾有人對我多加側目，於是我也樂得自顧自地伸長了腿放空。

偶而念起，打算預約隔日一早的聖家堂，驀然發現當天下午六點的時段仍有名額，擇日不如撞日，我還從未在黃昏時段參觀過聖家堂呢。只是一不留神，因為我這臨時起意的里民大會堂咖啡座之旅，時間已近五點四十五。

趕緊用谷歌地圖確認了步行所需時間，是令人尷尬的十二分鐘，若再加上沿路等待紅綠燈的時間，還能否及時趕上呢？

不及細想，身體已反射站起，歷經三條聖雅各朝聖道路線和「GR二二一」密集特訓的腳步，或者能在此刻派上用場吧？

抓緊每一個在街口等待綠燈亮起的片刻，在官網輸入個人資料和信用卡相關資訊；大步疾走，在百分之百的時間中，企圖創造百分之百的可能。

最終，在聖家堂對街路口處等待紅燈時按下確認鍵，待收到官網確認回覆郵件，看看時間，五點五十七分。

我想我會不時懷念起這個無所事事的暮春午後，在空曠安靜街巷中穿行，在滿座寶寶媽媽和大爺大娘環繞下凝神傾聽一杯淺褐色的溫暖汪洋，這異鄉行旅中身心安適的暫歇時光。

為了未曾特意規畫的行程在巴賽隆納住宅區街道上疾走的分分秒秒，為了抵達目的地而一心向前的無比熱望。再一次，巴賽隆納用她嬌橫的方式收服了我，突如其來，毫無章法；問我為何喜歡徒步浪遊，可能我永遠都給不出一個擲地有聲的答案，對於別人而言許是無足掛齒的瑣碎小事，卻是在這樣的一個又一個淡而有味的行進間，串起了無數美好片刻，醞釀出只屬於我的行旅醍醐味。

徒步在亞洲

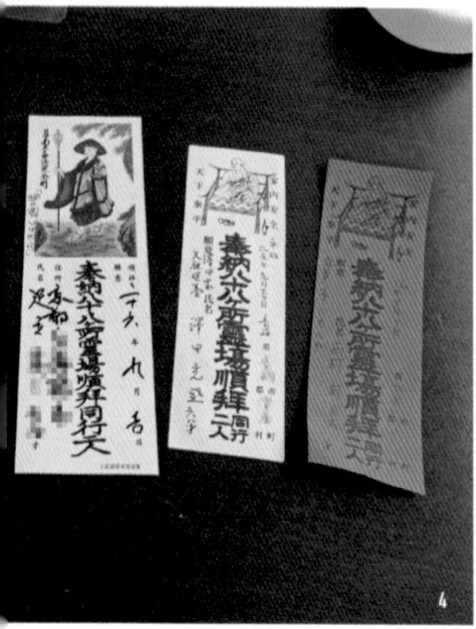

1_ 位於高知足摺岬，第三十八番靈場蹉跎山補陀洛院金剛福寺一景。 2_ 離開善通寺宿坊後，和遠藤爺爺、今川阿姨直接穿著遍路裝束去金刀比羅宮。邊聽著遠藤爺爺介紹金刀比羅宮的歷史，邊氣喘吁吁地登上長達七百八十五級的長長石階到本宮參拜。再獨自走了五百八十三階到金刀比羅宮奧社遠眺靜好的琴平街道。 3_ 以稻草炙烤的高知名物「鰹魚半敲燒」。 4_ 沿途其他遍路前輩贈與的部分納札。 5_ 遍路道上的名人，民宿岡田的岡田爺爺。

2

6_ 高知室戶行當岬不動岩，相傳是空海大師曾在此修行的御座遺跡。 **7_** 愛媛縣大洲的十夜橋。相傳空海大師在四國各地修行至此時，因無處可投宿而不得不在橋下過夜，感受到饑餓和寒冷，且即使受到這樣的困難，眾生濟度的願望也越來越迫切了，一夜露宿感覺像十夜一樣長，此橋因之得名。此後遍路者便有了「行經任何橋樑時不以金剛杖觸地，以免驚擾大師休息」的習俗。 **8_** 第二十三番藥王寺位在德島縣的日和佐，是當地著名的觀光小鎮。

6

7

9_ 空海大師是遍路道上的信仰中心。 **10_** 遍路道標誌。 **11_** 遍路道上常會有小標語，為遍路者打氣。 **12_** 遍路上指標石。

修行大師御尊像
浄財
9

へんろ道
へんろ五施
身施

13_ 愛媛境內第四十五番靈場海岸山岩屋寺，原為修驗道修行地，傳說中空海大師將親手雕刻的不動明王像封存於山壁中，因而岩屋寺是將整座山當作本尊來供奉。由於車馬無法直接抵達，寺境內氣氛顯得格外幽靜殊勝。

1

1_ 聖雅各大教堂的燻香儀式（The Botafumeiro）。 **2**_ 原始之路上最後一日的夥伴。 **3**_ 即將接近最後一百公里的路口處的合影。 **4**_ 為了讓民眾在進入教堂後能以最短的距離前往聖雅各雕像處朝聖而特地開闢的慈悲禧門。 **5**_ 聖雅各朝聖道以貝殼圖示為指標。

2

3

6_ 走路、吃喝、睡覺，如此反覆，徒步道上的單純作息。 **7**_ 位於桑坦德（Santander）的公立庇護所。 **8**_ 充滿特色的私人庇護所。

6

9_ 在盛產美酒的西班牙，Tapas 與紅酒是聖雅各朝聖道上的日常。 **10_** 阿斯圖里亞斯美食，左為「白酒燉牛肉」（Carne Gobernada），右為酥炸鮮魚。 **11_** 阿斯圖里亞斯美食「臘腸白豆砂鍋」（Fabada asturiana）。

9

10

11_ 盧克修道院安靜的白日午後。**12_**GR221 步道實景。 **13_**GR220 與 GR221 兩條步道會在盧克修道院交會。

徒步在美洲

3

4

5

1_ 維吉尼亞州羅阿諾克的邁卡菲懸崖是 AT 知名地標。 **2**_ 位於林線上的高山植被十分脆弱，禁不起人行踩踏，依循既有步道通行也是「無痕山林」的原則之一。 **3**_ 大煙山國家公園裡的氣候自成系統，一日可數變，驟不及防的暴雨將徒步者們趕向了床位有限的山屋。 **4**_AT 步道實景，步道皆依自然生態工法，就地取材修築而成。 **5**_AT 白山森林保護區內的野貓山一景，AT 沿途多處無任何人為施工的垂直岩壁也是步道的一部分。此處岩壁約三層樓高，幾無手腳可施力點，負重之餘還得自己想辦法攀爬上去。

6_ 位於美加邊境的 PCT 北終點／北起點紀念碑。　**7_** 喬治亞州史賓格山頂的 AT 南起點／南終點標誌。地上的白漆即是「白色火焰」的標示。　**8_** 緬因州卡塔丁山頂的 AT 北終點／ 北起點立牌。　**9_** 美墨邊境的 PCT 南起點／南終點紀念碑。

6

APPALACHIAN
TRAIL
TO MAINE
1934
GEORGIA APPALACHIAN TRAIL CLUB

13

propel
propel
NEOGURI
Near East
COUSCOUS
FIGS
Tuna Creations
MIXED NUTS
LARABAR
LARABAR
KIND
KIND
KIND
PRO BAR

14

10, 11, 12_ 徒步者時裝秀。 **13_**PCT步道天使「月亮之家」提供的免費晚餐。**14_** 野外徒步時的食物補給。

15_AT 和 PCT 森林中隨處可見的鹿。　**16_** 紐澤西是 AT 沿途黑熊最密集的區域，剛進入紐澤西州的當天晚上就在營地後遇上了兩隻。
17_PCT 允許騎馬和徒步通行，偶而會遇見騎士出沒。

徒步在美洲

AT 3500 km

PCT 4260 km

part 3

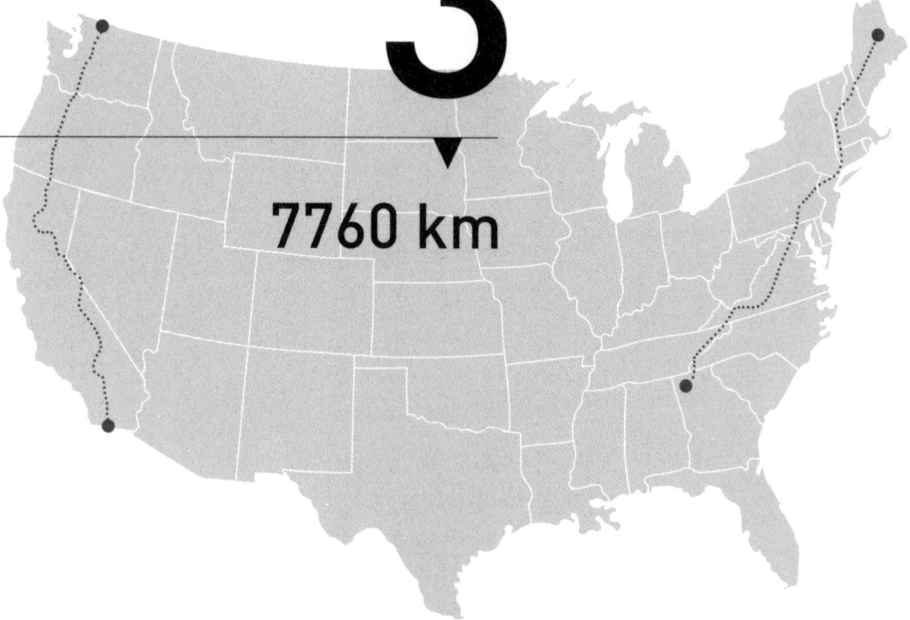

7760 km

關於AT、PCT

AT

阿帕拉契山徑，正式全名為The Appalachian National Scenic Trail，步道大致沿阿帕拉契山脈呈南北縱向，南起於喬治亞州的史賓格山，北迄緬因州卡塔丁山（Mt. Katahdin），途經美東十四州，總長度約三千五百公里。

其構想來自班頓．麥凱（Benton MacKaye），經過二十年長考後，他在一九二一年寫下了《阿帕拉契山徑：區域性規畫專案》（An Appalachian Trail: A Project in Regional Planning），而步道本身則遲至一九三七年才全程完工。

後依一九六八年頒布的《國家步道系統法案》成立美國國家步道系統同時，亦將阿帕拉契山徑定為最初的兩條國家景觀步道（National Scenic Trails）之一，另一條為太平洋屋脊步道。

AT是由和美國國家公園管理局合作的非官方非營利性組織「阿帕拉契山徑保育協會」（Appalachian Trail Consevancy，簡稱ATC）統整管理，運作方式為透過公眾募款來維持，並由沿途三十個非官方地區徒步協會分段負責，每年計有超過四千名志工，投入約二十四萬個工時來從事步道養護工作。由於採用因應環境取材於自然手作修築工法，最大特色之一是隨步道養護改道，每年總長度都有些許變動。此外，自一九三七年完工以來因維修作業、重建、國家公園車行道路修築而改道等因素，目前的步道與原始路徑已幾乎完全不同。

除了施作步道養護工作外，這些地區徒步協會也從事淨山、設立步道標示、構築並維修AT沿途超過兩百五十座方便徒步者休憩過夜的山屋和簡易廁所。

作為目前全世界最長，僅允許人行通過的戶外步道，AT共經過六個國家公園服務區，八座國家森林公園，及兩個野生動物保護區。其豐富的自然生態和景觀每年吸引超過三百萬人次到訪。

無論是單日或週末踏青、花上數週甚至數月健行，人人都能依照自身需求條件親近AT，此外每年約有三千人嘗試單季「全程通走」（Thru-hike）。對美國戶外咖來說，所謂「單季」（single hiking season）是指在連續十二個月內單趟行程完成全程縱走，至於徒步起點與終點則沒有硬性規定。

由於距離較長，大多數全程通走徒步者會選擇在三月底、四月初左右自南起點史賓格山往北進發，歷經五到六個月山林洗禮後，於秋季抵達終點卡塔丁山（Northbound，簡稱NoBo）；而少部分則選擇在六月左右由北方啟程，在冬季降雪前去到南方的終點（Southbound，簡稱SoBo）；此外，有些徒步者會先由南方出發走至某一點後，再搭車至北端點往南，如此既可避開北方的殘冬，亦可閃過南方的酷暑，最後重回當初北上時抵達的位置來完成計畫，稱為「人字拖走法」（Flip-flop）；而我NoBo那年，在維吉尼亞州遇到過一位速度飛快，早早看不到他車尾燈的退伍軍人大叔，到新罕布夏州再相遇時，他已從北終點折返，一路往南要回到史賓格山去完成他的「溜溜球／往返」（Yo-yo）計畫了。

此外，也有不少徒步者是分段逐年走完整條步道，例如我在維州遇到的日本阿姨「俳句」（Haiku）就花了三年分段完成；而在新罕布夏州遇到的英國大姐薇微安則是每年夏天專程從英國飛過來徒步，相遇那天正是她完成整條AT徒步的日子，她邀請大家跟她一起慶祝，開心接受祝賀，那可是花了二十一年才完成的計畫，毅力和決心何其驚人。

作為美國最早的國家景觀步道，因徒步AT而衍生的許多名詞及不成文規則、屬於徒步社群的文化和概念等，透過徒步者的口耳傳播和身體力行，逐漸變成全美徒步道上的通用常識，影響至深至遠，從這個角度來看，要說AT是全美最重要的一條長距離步道也不為過。

AT的步道標示被稱為「白色火焰」（White Blaze），是用白色油漆在樹幹或岩石塗上的長六英吋，寬兩英吋白色長方形標誌，以平均約每隔七十英尺一個標示來計算，全程約共有十六萬五千個白色火焰標示。

除了白色火焰外，步道上另有代表水源、休憩點或相對較易走的替代路線的「藍色火焰」（Blue Blaze）、代表通往其他非AT步道口捷徑的「黃色火焰」（Yellow Blaze）等標示。而即使其他美國長距離步道使用不同的標示，但各色火焰儼然已是美國長程徒步界的通用代號，並衍生出其他意義，成為徒步文化的一部分。

舉例來說，長程徒步中難免會遇見一些姑且稱為「作弊」的徒步者，那些抄捷徑的人就是在「藍色火焰」（Blue Blazing）；而攔便車偷跑的行為叫做「黃色火焰」（Yellow Balzing）。此外位於緬因州的肯奈貝克河（Kennebec

River）是基於安全考量規定唯一禁止涉水渡河的路段，搭乘AT官方安排的獨木舟由專人擺渡的過程稱為「水色火焰」（Aqua Blazing）。再者，AT沿途的簡易山屋內大多都有留言本供徒步者留言記錄或抒發心情，有些男性會因為讀到某些女性的留言而暗生情愫，一路跟隨留言本想要追上心儀的對象，這種行為被稱之為「粉紅火焰」（Pink Blazing）；而女性追逐男性徒步者的狀況則被稱之為「香蕉火焰」（Banana Blazing）。

不論NoBo、SoBo或Flip-Flop，也不論是單季或分段，只要完成徒步整條AT，便可以向ATC申請認證，經過官方查核認可後，除了發放證書之外，還會按年度將徒步者姓名、國家一起登錄在ATC官方網站上，成為「兩千英里俱樂部」（2000-Milers）的一員。

儘管每個人都能依照自身條件親近AT，嘗試單季全程徒步依舊不是件容易的事。一般人除了要花上五到六個月時間在野外生活外，體能和花費也是重要的考量。

以景觀而言，AT無盡的綠色隧道或許不若其他位於高海拔的步道來得豐富，且會給人相對平坦的錯誤認知，然而在超過三千五百公里的路徑上，徒步者共計需攀升四十六萬四千四百六十四英尺，即八十九英里，或一百四十二．五公里。換句話說，相當於攀登聖母峰十六次，起伏落差在體能上具有相當的挑戰。尤其對NoBo而言，AT的步道是越往北挑戰性越大，因此中途放棄的人數也很可觀，根據統計，登記全程通走的徒步者，真正完成的只占約百分之二十五；而這其中，女性又僅約百分之二十五，是明顯相對少數。

相較於四國遍路和聖雅各朝聖道，美國野外長距離步道對體能的要求高得多，動輒四天到一個禮拜只能處身荒野、無法每天盥洗沖澡、沒有床鋪安眠只能睡在帳篷或席地露天而眠，甚至不能吃到熱騰騰「正常」食物等狀況，在入門條件上對許多人而言也顯得比較嚴苛。不過最近這幾年來徒步在世界各地漸漸成為顯學，甚至隱隱形成某些族群有意識選擇的生活風格，在各種徒步活動中，許多人或許不見得都能得到各自預設的追求，但徒步旅行的影響更像是細水長流，對徒步者的生活和生命而言，是深刻且無可替代的經驗。

PCT

太平洋屋脊步道，正式全名為Pacific Crest Trail，南北貫穿美西三州，連結墨西哥至加拿大邊境；路線大致沿內華達山脈（Sierra Nevada）與喀斯開山脈（Cascade Range）行進，途經二十五座國家森林及七個國家公園，總長超過四千兩百六十公里。

根據記錄，最初是凱薩琳・蒙哥馬利（Catherine Montgomery）參考AT概念，在一九二六年提出貫穿美西的步道概念，並於一九三二年由克林頓・克拉克（Clinton Clarke）開始倡議修築，整體修建於一九九三年正式完工。

非營利性組織太平洋屋脊步道協會（Pacific Crest Trail Association，簡稱PCTA）統籌PCT相關管理工作，並與美國國家森林局、國家公園管理局、美國內政部土地管理局、加州州立公園等單位合作。除招募志工大量投入步道養護工作外，PCTA亦開設有許多步道養護教育課程。

PCT允許人行及騎馬通行，沿途經過沙漠、白雪覆蓋的山脈、森林、火山熔岩等地形，也可經由支線路徑攀登美國本土最高峰的惠特尼山（Mount

Whitney），並途經全美最深的湖泊奎特湖，景色優美壯觀，亦包含多種環境氣候變化；而每年難以避免的森林大火，也為旅程增添許多難以預期的變因。

步道近年因暢銷書改編的電影《那時候，我只剩下勇敢》（Wild）更為大眾所熟知，且如同AT，步道上豐富多變的地形氣候景觀亦吸引了來自全世界的徒步愛好者，而PCT上來自外國的徒步者明顯更多，剛出發時前前後後相遇的小團體也經常都是聯合國組成，身處其間觀察各國徒步者裝備和面對步道旅程的態度也是很有意思的事情，像是經歷一次親身全程參與的田野調查。

PCT相較於AT距離現實人間更為荒僻些，許多路段遠離有人煙的聚落，也更多路段完全沒有能與外界聯絡的手機訊號。偶而看到一群徒步者群聚在荒漠高山步道的某塊巨石或步道指標旁，一個個高舉手機試圖捕捉那一點虛無飄渺的手機訊號時，那畫面別說有多好笑就有多好笑，我們可以餐風露宿、涉水攀岩前進，但終究是無法斬斷跟文明社會連結的需求和倚賴。

由於地形氣候的關係，PCT水源稀缺的段落更多，有時兩個取水點之間甚至相距達四十多公里，在這些狀況下，除了必須攜帶更多的備用水增加負重之外，如何有效率並珍惜用水也是很大的學習；此外，由各地步道組織和熱心人士所設立並不定時補充管理的水點也是極其珍貴的資源。

▲▲▲　▲▲▲

長距離徒步在美國早已盛行多時，我在新罕布夏州的AT上遇過兒時家中曾兩度接待過知名徒步者「蓋特伍德老奶奶」（Grandma Gatewood）的老先生，在奧勒岡段的PCT也遇過在一九六九年就全程徒步過PCT的數學老師。此外包括許多極限運動、超級馬拉松好手如史考特・傑瑞克（Scott "Webwalker" Jurek）、卡爾・梅爾澤（Karl "Speedgoat" Meltzer）、喬・麥康納（Joe "Stringbean" McConaughy）等，更有許多人把在單季內全程完走（thru-hiking）特定長距離步道列為夢想清單上的目標；而完成三條指定步道的全程行者（thru-hikers），也會得到「遠足三冠王」（Triple Crown）的封號。

自一九七二年年僅十九歲的艾立克・萊貝克（Eric Ryback）成為歷史上第一位遠足三冠王以來，至二〇二一年為止，全世界共產生了五百二十五位遠足三冠王。最知名的莫過於二〇〇一年第一位以單季完成通走AT、

PCT、CDT的布萊恩・羅賓森（Brian "Flyin" Robinson），及曾創下AT及PCT自力補給最速紀錄，同時也是第一位及目前唯一在單季完成三條步道的女性三度遠足三冠王（Triple Triple Crown）海瑟・安德森（Heather "Anish" Anderson）了。

與AT的自主登錄方式不同，徒步PCT必須事先在PCTA官網申請徒步許可，目的是出於保護步道不在短時間內同時受過多人為踩踏所破壞，徒步季內每單日開放五十名計畫徒步超過五百英里的北向徒步者名額。此外，由於夏季野火肆虐嚴重，在加州境內徒步亦必須事先申請營火管制許可。經驗上國家公園境內的公園管理員和森林養護員的確會要求徒步者出示徒步許可及營火管制許可證明，在特定區域內甚至會要求展示規定用來保存食物的熊罐。徒步者對於聯邦公務員的執法要求不得拒絕，而未持有徒步許可進入PCT步道從事長距離徒步者屬於違反聯邦法，會受到相關處罰，請特別注意。

完成PCT全程徒步或騎馬的徒步者可以向PCTA申請「兩千六百英里俱樂部」（2600-Miler）認證，經審核通過後便會得到官方證書並列入官網登錄名冊。如同AT，將近九成徒步者選擇由墨西哥邊境北上加拿大的NoBo行程來完成PCT徒步行程，整體平均完成率也約在百分之二十五左右。

在美國國家景觀步道的維護多數是由非營利民間組織主導，運用自然工法，因應地形地貌就地取材，以對環境造成最低程度破壞的方式進行。除了步道修築之外，橫亙倒木造成步道阻斷的排除、步道因雨水及人行反覆踩踏等因素流失、因山火燒毀、被降雪覆蓋造成破壞等狀況，都仰賴大量人工作業來排除和恢復；又比如步道指標設立、山屋修築、步道因自然災害如山火、土石流失等因素臨時改道的指標設置和開闢作業也都需要志工的勞動付出。

此外，除了針對各特定步道成立運作的非營利民間步道組織如ATC和PCTA外，步道沿途亦有許多地區性的自發性支持系統形成，為徒步者提供支援和協助，因為這些地方人士及組織的參與，步道才得以持續開展和維持，步道志工的貢獻在美國步道系統中的角色舉足輕重。

常見用語

◉ **北向**（NoBo, North bound）：由南向北徒步，如阿帕拉契山徑，全程徒步者通常由喬治亞州的史賓格山出發，終點為緬因州的卡塔丁山。而太平洋屋脊步道便是由設立在美墨邊境坎波（Campo）小鎮的南終點紀念碑出發，前往位於美加國界線附近的北終點紀念碑。

◉ **南向**（SoBo, South bound）：與北向逆行，由北向南徒步阿帕拉契山徑，通常由緬因州的卡塔丁山出發，直至喬治亞州的史賓格山。在太平洋屋脊步道便是從美加邊境國界線往坎波進發。

◉ **人字拖走法**（Flip-Flopping）：由步道上的任何一點出發北向或南向徒步，至北或南終點後，再搭車到原始出發地後，反向接續餘下的步道行程；或是由南或北端點出發行至中途任何一點後，搭車跳至順向的終點後往回走。舉例來說，原來從史賓格山北向的徒步者在走完某段距離後，發現依照自己的速度恐怕無法在十月十五日前（通常在此日期後終點卡塔丁山所在的巴克瑟州立公園會因降雪等天候狀況禁止徒步登山活動）抵達終點，便會搭車直接跳到北邊的卡塔丁山開始徒步南向。

◉ **全程徒步**（Thru or Through Hike）：在單季（單一徒步季，指連續十二個月內）內全程以徒步方式完成一條長距離步道。

◉ **分段徒步**（Section Hike）：分段徒步完成某條長距離步道，長度由各人自定，例如單趟走完AT或PCT位於某一州的步道、單趟走完AT的百里荒野路段、單趟完成PCT的內華達雪山山脈段等；以四國遍路來說，將四國四縣分段，一次只走一縣便符合分段徒步的定義。

◉ **單日徒步**（Day Hike）：顧名思義就是單日來回的野外徒步行程。

◉ **全休日**（Zero Day，即Zero mile day）：直譯是「零英里日」，在這天徒步者除了進行整備等活動（如購物、洗澡、洗衣、大量進食、休息睡覺、整理裝備、收發或寄送補給箱等）外，不做其他非必要步行，意即徒步進度等於零。一般來說是建議每隔一百英里（一百六十公里）左右安排一天全休日。

◉ **半休日**（Nearo Day 即Near zero day）：至少有半天以上的休息日，徒步者經常在前一天即抵達距離步道口不遠的營點，以便隔天一早或中午前即可抵達城鎮，如此既可省一晚住宿費，又可早點進城進行補給、進食、洗澡洗衣等整備活動。通常大家都會在每隔一段距離後來個半休日接全休日，除了能在床上躺平外，也能利用機會大吃正常食物，讓疲憊的身體得以好好恢復。

◉ **步道名號**（Trail Name）：起源於AT，全程徒步者和野外徒步老手通常會有個類似綽號的「渾名」，大多都帶點玩笑、戲謔、跟出身相關，或是其令人敬佩或印象深刻的個人特質。由步道官方認證登錄時會以真實姓名與步道名號同時標示的方式呈現，例如我的步道名號是「哈扣／硬派」（Hardcore），官方登錄時就是Josie"Hardcore"Chen。

傳統上步道名稱並非任徒步者自己選擇，而是由其他徒步者取的，是靠自己「掙來的」，某種程度上代表被徒步社群接受認同的表徵。以步道名號互動也意味著去除了現實生活中的位階、職稱等標籤。而當然，很多人沒有步道名號也都順利走完全程，因此步道名號並非絕對必備。

◉ **白色火焰**（White Blaze）：長六英吋，寬兩英吋，塗在樹幹或岩石上的長方形白色油漆標誌，是AT的步道指標。

◉ **藍色火焰**（Blue Blaze）：分為兩種層面，行為上泛指抄捷徑、走小路或較輕鬆的引道等「作弊」行為；在AT藍色火焰也標誌著山屋、水源、營區、引道的所在。

◉ **黃色火焰**（Yellow Blaze）：用以標示通往人工鋪設的馬路車道路徑的指標；行為層面上跟「藍色火焰」的差別在於「黃色火焰」更特指搭車（無論是搭便車、搭公車、開車或其他各種利用交通工具為手段）跳過部分里程的偷跑作弊行為。

◉**石堆指標**（Cairn）：通常出現在林線上，徒步者以堆疊石頭的方式當作為後來者引路的指標。

◉**隱蔽露營**（Stealth Camp）：意指在非官方指定的地點搭營過夜。

◉**牛仔式野營**（Cowboy Camping）：在星空下露天野宿，除天地外別無帳幕。

◉**輕裝背包行**（Slackpacking）：不帶背包，改以輕裝去走一段步道（通常將背包留在住宿旅館）。例如聖雅各朝聖道上選擇將背包托運到下一站，只帶著當天步行途中所需的零食、簡單裝備的方式就是輕裝背包行。對死硬派AT和PCT全程徒步者而言這也算是「作弊」喔。（笑）

◉**山屋健行**（Hut Hiking）：專門指稱在新罕布夏的白山國家森林保護區（White Mountain National Forest）內，從一座山屋徒步遷徙到下一座山屋的徒步健行方式。白山區域內的山屋係由「阿帕拉契山岳俱樂部」（Appalachian Moumtain Club，簡稱AMC）負責營運，住宿費用高昂且為符合山林保育原則，設施相對簡易，一般全程徒步者不會花錢入住，但因為供餐且有室內床位

（並有睡袋可供租賃），可相對減除食物及露營裝備的重量，因此極受熱愛戶外活動的家族歡迎，夏秋兩季經常一位難求。

- **山屋**（Shelter/Lean-to）：主要出現在AT，是有三面牆壁和屋頂可供徒步者休息及留宿的木造小屋。
- **步道腿**（Trail Legs）：指的是當徒步者的體能和腿力終於調整到能完全適應每日徒步需求的時點，大多數人在連續徒步四到六週後會漸漸不以為苦，甚至能慢慢提高每日徒步里程數。而當然，每天的徒步距離長短還是依照個人的體能不同而有區別。
- **步道天使**（Trail Angels）：在步道口或沿途無償提供徒步者免費食物、飲料、飲水、進城補給的便車、醫療服務、或住宿的人士。概念近似四國遍路的「接待」。
- **步道魔法**（Trail Magic）：步道沿途由步道天使們所提供的物資、食品飲料、便車、住宿等協助都是魔法的一部分。
- **徒步者百寶箱**（Hiker Box）：在徒步者常匯集的地點（例如青旅、郵局、自助洗衣店）常有一個箱子裝滿各種徒步者覺得不再需要但丟掉可惜的物品，便丟進箱子裡任人自取，內容物包羅萬象，從小件裝備到食物、衣物、鞋子等，這些東西大半狀態良好，所以每次看到百寶箱大家都會過去好生尋寶一番。我就在百寶箱裡撿到過一個市價約二十五塊美金近乎全新的小防水袋喔。

◉ **廢渣徒步客／徒步小廢廢**（Hiker Trash）：是徒步客之間用來自嘲或互稱以表示親暱的說法，畢竟髒兮兮、不修邊幅、臭氣沖天，還把家當都背在身上的徒步客，乍看跟常在垃圾堆裡翻找資源的流浪漢（Hobo）也沒啥兩樣，而且野外徒步生活中，理所當然得犧牲一些習以為常的便利，以往在生活中無法忍受的種種不變，在步道上或許不能說是甘之如飴，但總是能用幽默或更加開放的心態去看待。

◉ **遠足三冠王**（Triple Crowner）：專指完成阿帕拉契山徑（AT）、大陸分水嶺步道（Continental Divide Trail，簡稱CDT）、和太平洋屋脊步道（PCT）的全程徒步者（以上以由東至西順序排列）。

◉ **大陸分水嶺步道**（CDT）：為美國國家景觀步道之一，與AT、PCT合稱「遠足三冠王步道」。總長四千九百八十九公里（約三千一百英里），全程沿洛磯山脈呈南北縱向，南起墨西哥邊境大手斧山脈的瘋狂庫克紀念碑，經新墨西哥州、科羅拉多州、懷俄明州、愛達荷州、蒙大拿州，貫穿美國本土北抵加拿大亞伯達省瓦特頓國家公園邊境，允許人行徒步及騎馬通行。為遠足三冠王步道中距離最長、難度最高、人行及沿途人煙最少的一條。其創立係受到AT與PCT啟發，於一九六五年由洛磯山脈步道協會主席林登·強森（Lyndon Johnson）首度提案，於一九六八年經美國國會通過適用國家步道系統法案而落實，並於一九七八年由美國國家森林局正式建立。其特色是官方路線因位置偏僻、地形限制、及志工人數較少等原因，修築進度受限，迄今尚未全部完成（二〇二一年底專責管理的CDTA宣布步道設立進度已達百分之七十），因此徒步路線沒有明確規範，有許多臨時改道與替代路線，在新墨西哥州還有許多路段需要與車爭道，又因為絕大部分步道都在洛磯山脈山脊上，不論南北向都勢必得經歷雪地跋涉的過程，對體能及徒步技巧要求更高。然而CDT的景觀也是普遍公認遠足三冠王中最令人神往的一條，第一位遠足三重冠將這條步道形容為「原始、荒涼、偏僻、且未竟的」。

適合季節

AT北向徒步季落在每年三月底到十月初之間，十月中之後北方緬因州可能已開始降雪。而南向徒步最早多半在六月左右出發，於十月底十一月初抵達史賓格山。

PCT北向出發時間約在四月底前後，歷經約一千一百公里的沙漠段步道，在六月初之後才進入積雪的內華達山脈段。南向則需要考慮華盛頓北部的冬季積雪狀況，徒步者往往會安排在六月中之後才從北紀念碑出發。

打包重點

除了穿在身上的一套服裝之外，當然要在背包中再準備一套兼作睡衣的備用換洗衣褲和貼身衣物，襪子是非常重要的單品，建議當作重要投資項目，並且不妨多帶兩雙。此外雨衣、雨褲必要時亦可兼作防風的外層；保暖的羽絨或化纖材質外套則各有所愛，差別在於羽絨受潮時會失去保暖力，而化纖材質即使弄濕了則仍能提供一定程度的保暖；內層的上衣可以挑選排汗快乾材質或防臭的羊毛製品。

由於是全程在野外活動，所以遮陽防曬的帽子也很重要，防曬用品則請挑無味的品項，以免引來好奇的美洲黑熊。另外必備的是簡易急救用品和個人常用藥物、衛生用品，在野外不能洗澡，沒有簡易廁所時也必須自己想辦法處理生理需求，並將如廁後的垃圾帶走，自備垃圾袋是絕對必要的。

帳篷、睡袋、鍋爐餐具等個人用露營設備、烹飪設備等是必備，且最好先充分熟悉使用方式，其他如各種電子設備、證件、針線包、個人慣用物品等，則請視需求準備。

旅行預算

傳說中全程徒步者每個月需要準備約一千美金的預算，再乘以徒步的月數，不過這數字僅涵蓋步道上的花費，不包括行前的裝備置辦，也不包括往返的交通費用（以台灣而言就是機票、抵達時與回程前的飯店住宿，和接駁到步道口的交通費用），也不包括徒步者在現實生活中本來就存在的房租房貸管理費水電瓦斯等開銷。美國東岸的ＡＴ越往北消費越高，西岸的ＰＣＴ消費又比東岸更高，儘管徒步的開銷依照個人選擇可節省、可豪奢，但在通貨膨脹的近年，每個月一千美金其實有些勉強，請務必做足充分預算準備。

其他建議

AT和PCT等長距離步道和四國遍路、聖雅各朝聖道是完全不同類型的徒步經驗，有意從事這類野外長距離徒步活動的人應該先做好完整的徒步計畫，對步道環境有足夠的認識、對裝備和補給也做過徹底的研究甚至試吃試用。長時間在野外活動除了吃住都在山林裡，更需要把露營裝備（帳篷）、睡眠系統（睡袋、睡墊）、烹飪系統（爐具、鍋子、打火機）、食物（每段補給之間走幾天就得背幾天的分量）、備用裝備及衣物、濾水飲水系統等物資都背在自己身上。步道沿途幾乎沒有商店、旅宿、沖水馬桶、淋浴間、甚至連垃圾桶都付之闕如，所有自己製造的垃圾都必須自己背出去。因此會決心來徒步的朋友們必然都已經對上述狀況有一定理解，且對自身的能力條件有充分認識。

市面上品質優良的戶外裝備用品一直不斷推陳出新，可依照個人需求及財力挑選最合適的品項，請記得貴不一定就是好的，價格不造成負擔又能用起來稱心順手就是最好的選擇。

◉ **關於補給：**因為必須在補給點之間背負徒步日數的食物，挑選時盡量以輕便為原則，各式加水浸泡即可食用的脫水餐包及馬鈴薯泥是最常見的選擇，此外袋裝鮪魚、雞肉、高蛋白能量棒、肉乾、巧克力棒、堅果、花生醬、果乾等都是常見的步道食糧。另外建議準備沖泡式的電解質飲品，徒步時體能消耗大，排汗多，特別在炎熱的天氣時大量飲水極容易流失過多電解質，需適時補充以策安全。

再者某些段落補給不易，或是鎮上商店選擇有限，這種時候則需要自己事先準備好補給箱，若有家人朋友等後勤支援，可以請他們在預估的日期把補給箱寄送到預定抵達城鎮的美國郵局或提供代收服務的店家，注意箱子上須載明收件人姓名、預估抵達日期、且備註為AT/PCT hiker，一般而言美國郵局可以代為保留包裹達三十天。至於進城鎮補給時的覓食問題別無其他建議，就是喜歡吃的能吃盡量吃吧，畢竟過了這個村就沒有這個店啊。

◉ **重要的危機處理：**出發前請將徒步計畫和聯絡方式交給緊急聯絡人，記下外交部駐外單位的緊急聯絡方式，並在行程中網路訊號方便時隨時與緊急聯絡人聯繫告知行程進度，及預計下次聯絡時間地點。如在步道上遇到無法排除的緊急狀況，請撥打九一一，或請同行者設法協助報警。由於幾乎全程都在野外活動，也強烈建議攜帶衛星雙向定位通訊裝置。

◉ **簽證相關：** 不論打算全程徒步AT或PCT都建議申請B2旅遊觀光簽證，持此簽證可在有效期間內多次入出美國，每次最多可停留六個月，在時間安排上相對較為充裕；若持ESTA入境美國者單次只可停留九十天。

參考書籍及實用APP

◉ **《AT指南》**（The AT Guide）由大衛．米勒撰寫，分南北向兩種版本，並有紙本和電子版，自二〇〇六年發行以來內容每年更新，依照里程數詳列里程、營點、水源、引道、山屋、廁所、沿途小鎮補給、餐飲、住宿、郵局、戶外用品店及圖書館等資訊，甚至連步道口有垃圾桶、野餐桌都會特別標示註明，內容包山包海相當實用。

◉ **「絕讚阿帕拉契山徑指南」**（FarOut Guthook's AT Guide）前身是步道上極受歡迎的「嘉胡克斯阿帕拉契山徑指南」APP，特色是離線時亦可查詢地圖、里程數及步道資訊，並開放使用者在各個標示點留言，讓後來者即時更新最新資訊（如水源狀況、營地環境、城鎮內餐廳或自助洗衣店推薦等）。

◉ **《尤吉的太平洋屋脊步道手冊》**（Yogi's Pacific Crest Trail Handbook）

作者為潔琪．麥克唐納（Jackie McDonnell），初版於二〇一一年發行，書中涵蓋步道與沿途補給城鎮的詳細資訊和各種注意事項，並逐年更新；裝訂亦頗具巧思，可將內頁沿虛線撕下後按區段分別裝訂以利攜帶。在過去為PCT徒步者幾乎人手一冊的實用指南。唯前三年因新冠肺炎疫情關係，最終版本停留在二〇一九年，但作者不排除在疫情穩定後發行更新版本。

◉ **「絕讚太平洋屋脊小徑指南」**（FarOut Guthook's PCT Guide），自二〇二一年起所有「嘉胡克斯」系列都被整併入「絕讚」的APP中，使用方式與「絕讚阿帕拉契山徑指南」相同，內容豐富且實用性極高。

相關網站

阿帕契山徑保育協會

太平洋屋脊步道協會

蝴蝶必須經歷破繭的掙扎後，才有足夠強壯的翅膀飛翔

與那隻蝶相遇，是在一個初夏午後。

連續數日奮力在毫無收訊的步道中全力衝刺，試圖在傍晚前趕到下一個鎮上領到補給包裹，洗去一身狼狽，好好的吃上一頓，然後安心躺平睡一覺。

前一天傍晚在營地裡跟一個週末來健行的大家族一起聊天眺望夕陽時，南非來的「泰山」（Tarzan）突發奇想地想在夜裡出發挑戰二十四小時走三十英里（四十八公里），吃完晚餐休息過後便匆匆上路。無止盡的山徑上我心裡想著這會兒他不知已經走到哪去了？三十英里，那是野外弱肌我本人想都不敢想的數字啊！突然從後頭傳來歌聲，常照面的幾位徒步者不知從哪聽說了今天是我的生日，於是這一天我前後總共在步道上聽了五次生日快樂歌，幸福到都有點不好意思了。

一早起床後，一路催足油門，午後三點終於來到月桂溪畔，卸下背包補充飲水和行動

糧，跟昨晚在山屋營地才認識的母子檔「熊媽媽」（Mama Bear）和年僅十三歲的「狠角色」（Badass）閒聊一陣，徒步AT的想法是兒子提出的，而且上路前自己做了研究和計畫，原本就是自學生，媽媽認為比起書本，從徒步中得到的體驗和知識更為難得，但又不能放任未成年的男孩孤身上路，於是跟爸爸協調好，並將工作安排妥當後，母子一起上路。

「狠角色」很喜歡徒步，享受一路上親眼目睹的風光，也享受跟其他徒步者的互動，路上相遇的人得知他們計畫徒步全程後，總是不吝讚美，熱情鼓勵，並隨時關心他的狀況，這種真切被徒步社群接納的歸屬感顯然讓少年十分受用。

這也是徒步的特點之一，儘管並非全然，但徒步道某種程度上可以說是接近我嚮往的理想社會，步道不會對任何人有差別待遇，除非蓄意技術犯規（如搭車、抄捷徑），腳底下的里程都是靠徒步者自己一步一腳印累積出來的結果。在步道和山林面前，性別、年紀、種族、背景、職業、收入、社會地位失去了現實社會裡的絕對意義，於是我們得以回到單純作為徒步者的身分，去面對步道上的一切。

當然在路途中，人們對於老弱婦孺是會多一點親切關注，與其說是出於對弱勢的禮遇照顧，更毋寧是出於讚賞和佩服。

聽「熊媽媽」半開玩笑地抱怨著自己長期缺乏運動的身體被逼上梁山後腰痠腿痛、抽筋、水泡的折磨，一面在心裡估算著剩下的十八公里最多再三個多小時就能解決了吧？陽光融融中吹來和煦山風，流水潺潺，綠意繁盛，眼前的一切恬靜如畫，這的確是個適合在山林間徒步的好日子。

就在此時，那隻蝶出現在視野中。

進入維吉尼亞州後，蝴蝶就沒少見過，通常是獨自穿梭在林間花叢，不定的舞步翩躚，總會吸引我的視線緊緊追尋。在用樹枝排出的四百英里標記河邊，整群超過四十幾隻的蝴蝶或停駐或飛舞，「齒輪」（Gears）說這些蝴蝶一定是為了幫大家慶祝跨越四百英里的吧？

而眼前這隻蝶，直覺牠不太一樣，牠的飛行路線忽上忽下，姿態隱隱地朝右傾斜低墜，偶而會驀地垂直拔高，接著又急速下墜，快要接近我們身邊時，仍無法自控似地向前衝來，直到來至胸前，才突然想起似地急煞，然後猛然落到地面上。

展翅在地上掙扎爬行的是隻受傷的藍鳳蝶，而且很顯然已是老蝶了。

「熊媽媽」問我怎麼知道？

鳳蝶成蝶最多只能存活六到十四天，而牠鱗粉斑駁，殘缺的雙翼甚至連燕尾都不見了。

話還沒說完，那蝶在地上幾度試圖振翅後終於又勉力飛起，顯然已經累壞了的藍黑色蝶翼趁著風勢沿溪水的流向滑翔，依舊是忽高忽低地翩飛，落下又升起，肉眼可見的奮力。視線追隨著蝶影遠去，最後一度牠彷彿用盡了全力拔高，飛昇到我不得不抬頭仰望的高度，然後又直直墜下，落入溪石層疊的流水中，許久許久都不再見其蹤影。

也許我注視著蝶消逝的身影太久，眼神又太過哀傷，但我真心為那隻蝶感到塵世荒涼。

「熊媽媽」用一種媽媽看著受傷小小孩的表情問我還好嗎？

還好，還好，正常的生命週期。

當我重新扛上背包準備前行時，眼角餘光閃過一個小小的黑影自遠處的溪石上低低飛起，低低的，顫抖的，然後一次，兩次，振翅爬升，慢慢地，在月桂溪轉彎處隱去了蹤跡。

那隻蝶，還在奮鬥著呀。

相對於認為一切都是偶然的朋友，我是個相信徵兆的人，與這隻蝶的相遇究竟意味著什麼呢？沿路想了又想，不得其解。

離開溪邊後，驟然下起讓人眼睛都睜不開的狂暴大雷雨，停步途中的露營區，和一大群徒步者狼狽搭營，這晚我終究是沒能走到預定的小鎮，只能自我開解，這樣隔天就能有個時間充裕的半休日了。那時我不知道的是，為了我的生日有人在步道上捧著一大盒杯子蛋糕一路追趕著我未果，更有人大老遠開車帶著蛋糕和補給品到我預定投宿的飯店、在步道口等了一整天最終卻只能默默離開，不過那是另外的故事了。

▲▲▲　▲▲▲

隔天午前攤在飯店停車場旁的椅子上邊曬太陽和睡袋邊等著衣服烘乾，偶然聽到旁邊花園裡傳來的對話聲，來健行的祖孫檔身邊環繞著幾隻美麗的虎斑鳳蝶，爺爺跟年紀大約五、六歲的說男孩說：「蝴蝶必須經歷破繭的掙扎後，才有足夠強壯的翅膀能飛翔，所以每隻我們看到蝴蝶都代表著重生和無比勇氣。以後你看到蝴蝶的時候，就會想起牠們的勇氣，還有閃閃發光的翅膀，提醒你即使在黑暗裡也一定會有光。」

默默地，閉上眼在陽光下祝禱，感謝那隻蝶來至眼前，就算只是自作多情，但牠萬般掙扎仍奮起的身姿讓我見證了盡情燃燒生命的勇氣，願牠已安歇在最終的嚮往之地，無論何處。

那隻藍鳳蝶的生命謳歌，是我收到過最最貴重的生日禮物。

面對大自然，面對自我挑戰的好奇心和勇氣，男女並無二致

行走開展人的視野與思緒，而非促使人去隱退或逃避；路徑所提供的不只是穿越空間的憑藉，更是感受、存在與會意的方法。

——羅伯特．麥克法倫

那日預計在風雨裡走三十五公里的山路，一早收拾了行囊，草草用過早餐後，六點多便出發上路了。

前一晚連夜傾盆，雨聲、風聲、加上哈珀斯溪的湍流聲，也或許是一起在山屋過夜的「ＯＭＧ」晚餐後給我的有機公平交易咖啡太濃，戴著耳塞依然沒睡好，大雨加上疲憊，顯然將會是漫長的一日。

從營地出發，立刻要面對的就是超過六公里的陡坡，這在ＡＴ原是很平常的狀況，只是狂風大雨和亂石陣中，難度驟增。

若是天氣好，這段初夏的山徑肯定景色宜人，可惜陰雨連綿，濃霧瀰漫，獨行的我只能一面緊盯著地面錯綜複雜的樹根和大小石頭，一面追尋著樹幹上的白色火焰，戰戰兢兢又不能稍停地前進。

連續五日，時大時小，日以繼夜幾乎毫無間斷的冷雨相逼下，那種渾身像是浸在水裡的感覺令人感到無望而生厭，更別提每天早上起來打包前，得花至少兩分鐘做足心理建設才能把尚未乾透的衣物鞋襪再度穿上的萬般掙扎。

午後三點，終於雨勢來到一個言語難以形容的狂暴，雨中的山徑益發顯得艱難刁鑽，除了無所不在的泥濘和黃土山徑來不及排除降水而形成的徑流水窪外，還有越往北方越是嶙峋崎嶇的石頭路段，無數必須手腳並用才能越過的橫斷倒木和錯綜糾結的樹根穿插其間。儘管一再留心，溼滑岩盤上終究是來了個華麗麗的花式翻轉落地，至今我都不明白身體為何能一百八十度向後，左側重重觸地跌坐在石頭上，按耐不住一陣怒氣湧起，對這鬼天氣，對這該死的崎嶇山路，對自己。

開始抓狂暴走，而說也奇怪，賭氣中管他是徑流巨石上坡通通都如履平地般的踏過。

鎮日走在雨幕中，雨衣和雨裙都早已失去了該有的作用，寒凍的雨水不由分說地澆灌在身上，即使勉力疾走，身體因勞動產生的熱能也不足以抵銷那冷。冷且餓，但在抵達目的地前，沒有任何能搭營甚至停留的地點，也只好胡亂抓條穀物棒就著雨水邊走邊亂啃，繼續硬著頭皮上了。

總會到的，我不斷激勵自己，這種時候已經無暇再去顧及那個每天問上自己千百次「我到底為什麼要這樣虐自己？」的問題。暴雨中，哪怕只是一小步的距離，都可以讓自己距離今天的終點，更近一些些。

任憑雨水穿透雨帽沿著前額的髮梢滴入眼裡，順著背包的雨遮流下背後，一切的一切，全顧不得了，只有那座今日預計留宿的山屋，是我心裡眼裡夢寐以求的聖杯。

四點半前，忍著尿意，忍著整路小腹微微抽痛的不適，終於，抵達目的地，涉水度過清淺但湍急的小溪，山屋裡早已擠進一票利用假日分段徒步的背包客，他們今天只逆向走了我明日預定進小鎮補給的八公里行程，早早在山屋裡安頓下來，乾乾爽爽，好整以暇地看著我們幾個一身狼狽的全程行者，眼裡還帶著點「幹嘛把自己搞得這麼悲催？」的戲謔。

嚴格說來，那是座不錯的山屋，除了三面牆加上屋頂之外，還有個擺了張野餐桌的小涼台。然而距離不遠的簡易廁所不知為何把門設計成只能擋住下半身？因此當有人在裡頭辦事時，外面的人可以看見他的上半身或頭部，這麼獨特的設計荒謬到我都覺得幽默了。

停下了腳步，卸下裝備後，那冷才真正襲來。

舉目四顧，山屋內已經擠了將近十位背包客，山屋外大雨依舊滂沱，脫下雨衣後，濕透的單薄衣裝讓我開始冷到打顫。

人的膽識和見識除了訓練，果然還是需要一點危機來催化，兩個多月的山野操練或許沒能讓我更長進多少，但一場連續五天的大雨倒確實改變了我。

聽到自己開口說：「男士們，能不能麻煩各位轉過身，或是閉上眼睛一分鐘？我真的真的得換掉這身濕衣服。」

這一刻，我認真覺得自己已經不再是以前的自己了。

去年結束聖雅各朝聖道葡萄牙之路重回波多途中，在長途巴士上認識一對同樣剛走完葡萄牙之路的波蘭情侶。男孩走過歐亞非各地，一路用背包客的方式，體驗了各種地形地貌、人文景觀。那只是聊天時隨口提及的話題，言談中沒有任何炫耀自滿或好為人師的意味，淡然卻又深遂的態度，是我理想中真正的旅行者，令我深深折服。

女孩和我討論著徒步旅行中的種種，最後一致的結論是，比起男性，女性在各種行動上還是有諸多不便。那時男孩只輕輕搖頭：「其實到最後，都是一樣的。」

踏上AT，不諱言多少也有些想理解並體驗這句話的真意，想知道自己是否能達到這樣接近如如不動的境界。

直到這場連日大雨前，儘管步道上總總不便，諸如不能每天洗澡洗頭、要連續數日在荒野裡蜷縮在自己的帳篷睡袋中、為了減輕重量只能吃加滾水泡開的乾燥食物、成天渾身髒臭不堪、累到精疲力竭、這裡痠兼那裡痛……，向來貪戀美食又有輕微潔癖的我也都以願賭服輸的氣概認下了，甚至還漸漸安之若素。然而不只是雨，不只是冷和疲累，如今在經過兩條野外長距離步道的親身實證下來，我想不論是以身為女性或野外徒步者的身分，我都有資格，也能夠斷然地說：「不可能！」

那場連日豪雨裡我忍受的不光是雨和冷和累，還有女性無可避免的生理期。AT各山屋附近至少都還有簡易廁所可用，但PCT沙漠中常常經過幾無遮蔽的路段，或是一面山壁一面懸崖陡坡的狹窄步徑，對女性而言生理期間窘境更甚。

對生理男性而言，女生無法隨地任意上廁所、換衣服、還有所謂的生理期，這些全是他們無從想像的經驗，所以我並不怪男孩輕易的結論。

我想強調的也不是女生們需要更多「隱私」、「被包容」、「被照顧」之類的特權；而是從最基本的「衛生」問題角度來看，山林中的蚊蟲、毒常春藤、毒橡樹、蜱蟲等隱藏性的威脅，女性要面對的挑戰的確更多一些。野外水源並非隨處可得，也不見得能隨意使用；有良心的徒步者還要遵循無痕山林原則，將自己製造的垃圾打包帶走，將停留的痕跡掩去，這是兩性生理上無可奈何的差異，或者也是無可跨越的鴻溝。

然而即使有這些不便之處，也不會成為阻止女性上路決心的理由，或許先天上的條件與限制男女有別，或許看待事物的切入視角各異，但面對世界，面對大自然，面對自我挑戰的好奇心和勇氣，男女並無二致。對山林和徒步的熱愛，是不分性別的。

回頭說起那場狼狽，冷雨中趕路並非第一遭，遍路上、聖雅各朝聖道上，遇過無數次的傾盆大雨跟狂風驟至，然而AT上這一天，連續五天大雨滂沱後的蜿蜒山路，有人早早就放棄停步在前一個山屋；有人走不到八公里，一到公路邊就迫不及待召來接駁車直接進城躲雨，準備隔天輕裝上陣；直到此刻，才第一次意識到自己的勇氣，或者該說不知死活。

勇敢的當然不只是我，幾位一起說好要走到這裡的夥伴們隨後都也堅持過來了，自啟程的史賓格山一千三百七十七．九二公里處，距離成為貨真價實的全程徒步者，或者已更靠近一點，哪怕，只有一點點。

在銀河下獨享流星盛宴

試圖了解山的道路永無止盡，我永遠不能說自己對它們已熟知於心。

——娜恩．雪柏德（Nan Shepherd）

我討厭在夜裡徒步，然而長距離步道上，總有無可避免非得在夜裡繼續行程的時候。

離開強尼大叔青旅那天，本打算一早就直接衝刺，結果因為自己糊塗造成的結帳烏龍，最後拖到十二點多才能出發。原本青空朗朗的午後卻下起了豪暴雨，山路瞬間成為徑流，沿途許多徒步者都早早就停步搭營或在樹下架起吊床，只有我傻人一個，堅持以像是剛從水裡撈起來的狀態繼續前行。雨衣、雨裙、背包雨套都擋不住的雨水無孔不入地滲進來，從頭髮到腳趾，身上沒有任何一吋肌膚是乾的。

雨暴風狂一陣後，旋即豔陽高照，春天的雨中森林漫起了霧氣，茂密的樹影幢幢，新綠沉默無言卻又充滿勃勃生機，隨風而起的樹葉沙沙聲，因為枝枒動搖而落下的葉上殘雨，幾隻知更鳥已經迫不及待開起了演唱會，流動如輕紗的霧靄讓人看不清前路，各種嘈雜間夾帶著如人竊竊私語的聲響，回頭張望卻又杳無人跡，恍然間以為自己誤入幻境，然而再如何畏葸，也只能咬牙大步向前。

走著走著，濕透了的褲子們（是複數無誤）才剛乾了，馬上就又讓一陣狂暴驟雨給打濕，如此濕了又乾，乾了又濕，幾度循環。

雨中、霧中、風中、泥濘濕滑中，走到白日已盡，只能摸出頭燈，隨著蜿蜒山路前行，邊注意著步徑和指標，邊留神兩旁樹林草地裡的動靜，黑夜裡行路對我而言心神消耗甚鉅，忍著尿意和腳痛不適，一度懷疑自己是否根本錯過了山屋指標？行行復行行，繞過一處山坳，遠處幾點光明，本還以為是早出的螢火蟲，直到看見一團微弱營火，才確認自己終於到了。

夜裡九時，整個山屋和營地帳篷裡的人都早已經躺平睡下，看到我的頭燈，出聲招呼，得知來人是誰後，起了一陣騷動。我前日在步道上扭了腳踝的事情不知道為什麼全世界都曉得了，比我早一晚出發的「OMG」大叫了好幾次：「Josie，妳是怎麼辦到的？」

「就，一步一步走啊。」

卸下背包，取出爐具先煮了滾水讓脫水餐包浸泡著，趁等待空檔趕快在山屋旁搭上營帳，再就著營火餘燼狼吞虎嚥後，鑽進帳蓬開始打理自己和裝備。儘管背包也濕透了，但內層防水袋裡的睡袋、睡墊和替換衣物都安然無恙，至少能乾爽睡個好覺，比起大煙山上那一日暴雨夾帶冰珠的寒凍，已經是謝天謝地。

田納西州這次夜間獨行顯然不是什麼太美好的經驗，而我習慣一早動身，早點到營地好好休息，所以夜行從來不在規畫中。

只是那個午後，明知預定的山屋有水質甘美的野溪和天然形成的小浴池可以泡水，卻硬是在緬因州山頂坐到太陽偏西了才匆匆起身，林線上的岩盤巨石間常有我最愛的野生藍莓矮叢，初秋的落日在群山中降下的速度出乎意料地快，但夕照的景色太美，惹我拖拉地走走停停。貪吃加上貪看美景，只好又走到出動頭燈，幸好下了林線後的這段山徑還算親切，儘管黑夜拖慢了腳步，八點前還是順利抵達山屋。

沒有光害的山上，夜不是愛說笑的黑，伸手不見五指之中，也不好戴著頭燈到處去找營點或確認簡易廁所位置驚擾他人，幸好可容八人的山屋裡只一位已經蜷縮在睡袋裡的徒步者，於是取出地布、充氣睡墊和睡袋在另一側先靠牆鋪好；烏漆墨黑中取水不便，只能就著頭燈將水袋中剩下的水在營火圈旁煮滾加熱晚餐草草吃下。我自認是非常克制友善的徒步者，無痕山林外，也會盡可能不去干擾影響旁人，刷完牙便默默鑽進睡袋裡躺下。

晚上九點，是步道上公認的「徒步者午夜」（hiker midnight），即便不睡，也會各自窩在帳篷裡休息或整理裝備。我常在睡前用 Kindle 讀幾章書或利用難得有網路的機會發文，然而在闃黑的共用山屋裡和陌生的徒步者獨處，除了乖乖睡覺外也沒別的選擇了。

太早睡下的結果是夜半被橫斑林鴞的叫聲擾醒，幾度輾轉反側，乾脆起身在山屋前台坐下喝水，不經意抬頭，濃如墨色的幽暗間探見滿天閃爍，肉眼可見的銀河如帶橫過，無以計數的燦爛鋪滿夜空，山林寂靜，更顯得群星的生動喧鬧，即使理智上知曉所謂的無限，但能容下如此龐大群星的宇宙究竟有多遼闊根本不是我所能想像的，天寬地闊間，此情此景令我再次深刻感知到人類是連滄海一粟都不足以形容的渺小存在，繁星熠熠中只能對那未可知敬畏臣服。

就算之後見識了緬因的星空，讓我窺探了夜的浩瀚華美，然而我依舊不喜歡夜間徒步，非必要絕不輕易夜走。

▲▲▲　▲▲▲

PCT南段，少有遮蔭的沙漠乾燥熾燄，午後氣溫輕易就能突破四十度，還經常水源缺稀，烈日當空下徒步實在不是什麼聰明的決定。大多數徒步者仍會選擇白天開走，在接近中午時找到一處蔭涼用餐順便午睡，待四點氣溫下降後再繼續趕路；甚至有人乾脆白天睡覺，待午後降溫了才開始一天的行程。

而我更偏愛早起，趁著黎明前夜空裡還有群星淡淡的影跡時出行。晨起的天空總像是在進行一場盛大舞台表演，顏色從濃重墨黑漸漸變為深藍，而群青，而湛藍；當晨星慢慢隱去後，就剩下北極星還堅持獨放光明，然最終，亦敵不過東方由隱晦而張放的朝霞比美，只得默默退場。遠處的山巒隨著天色漸白而更顯出明朗輪廓，一隻晨起的野兔遠遠地看見了我，一邊警戒著，一邊好奇地流連在茂盛的鼠尾草叢旁，早晨別無他人的山徑充滿詩意。

為了摸索出沙漠段的最佳步行時段，也曾嘗試午休到三點過後，傍晚停步吃完晚餐接著再繼續行程，然而結果往往是一片黑暗中到達營點搭帳盥洗完就只能躺平睡覺。夜裡看不清營地周邊環境，即使明知該處常有山獅出沒也沒辦法再多走幾英里去到下一個營點。若有其他徒步者一起搭營便罷，但ＰＣＴ上我經常是獨身一人，由是對於夜間徒步就更排斥了。

離開沙漠段往內華達雪山進發時，跟路上認識的幾位徒步者約好到某個營點過夜，為避開午後高溫直到四點過後才開走，出發前幾個人鄭重宣告，不論多晚都會走到那裡碰面。我原本腳程就快，過了某處水源後，一起從甘迺迪草原（Kennedy Meadows）出發的女孩或許是想要享受獨走的寧靜，示意我不必配合她的速度，我便任意踩下油門揚長而去。傍晚在錯落的樹林邊緣遇見一早出發的台灣女生「老謝二號」和在台灣教英文的美國人「台灣戴爾」

（Taiwan Dale）在此搭營，停下閒聊一陣後樹蔭下驟降的溫度讓我有些吃不消，匆匆道別後又繼續前行。

雖說是已出沙漠段，然而沙漠黃土並非畫一條想像的界線就能涇渭分明，植被看似稍有變化，但終歸來說，仍是塵土飛揚。許多徒步者在這片水源充足的廣袤草原上停步過夜，然而我掛記著約定，只能加速前行。天色漸暗，接上山路的小徑偶而還要經過手動開啟的鐵閘門，沿著山脊蜿蜒的步道上前後無人，開著頭燈，走至視野不足兩公尺，最後靠著離線地圖才能確定營點位置。二十四公里花了五個多小時走完，勞心比勞力更甚，抵達時尚且完全無法看清營地分布，只隨意找到一處樹叢圍繞的平整地面，連帳篷都不搭了，地布睡墊一鋪，睡袋一攤，來個牛仔式野營。黑暗中席地幕天，我想著夜色這麼黑，比我晚出發的幾人要多晚才能走到這裡？驀然間一顆流星自天頂畫過。

若非這一夜，我大概永遠也不會知道荒山野嶺上的野營能有多麼豪奢，甚至不需要刻意去尋找，只是張著眼就能察覺到出現在眼角的動靜，漫天星斗間，一顆接著一顆的流星真會讓人看上癮而睡意全無，直到時間實在太晚，不得已逼自己吞下褪黑激素勉強入睡前，我總共數了十四顆流星。

好笑的是，過了兩天我才知道，當時信誓旦旦約好此處相見的，最終只有我一個人真的依約走到了。總是這樣，旅途上的約定太過輕易，而我永遠都是那個守信的傻子。不過這一夜我畢竟在銀河下獨享了流星盛宴，對於步道上的夜，有了別樣喜愛，對於夜間遠足也不再那樣排斥，但出了沙漠不再需要為了躲避烈日午休，自然也不太需要夜行了。

▲▲▲　▲▲▲

直到因為不明原因連續腹瀉兩日，被在鱒魚湖（Trout Lake）重逢的大學教授「霓虹」（Neon）帶回她在西雅圖的家修整兩天，重回斯諾夸爾米隘口（Snoqualmie Pass）的那個星期三，因為過十二點才回到步道口，吃完午餐預計只能走個二十五公里左右，傍晚便可早早休息，所以我用悠哉的速度慢慢閒晃，然而七點多走到預定宿點時，一頂帳篷直接橫搭在可容三頂帳的營地上，旁邊又搭了營火圈擺了椅子，四下無人，也只好繼續往前找距離約兩公里外的下一個營點，然而一路沿著山火肆虐過的山坡下行，根本沒有看到傳說中的營地，天色漸暗，又是個戴著頭燈硬上的夜晚。

順著兩邊淨是山火肆虐後的枯樹殘枝步徑走了一個多小時，來到兩條步道交會口，別說沒看到任何所謂的「可能營點」，連勉強能搭營的一方平地都不可得，時間已近九點，我也真的累了，便直接將帳篷搭在人跡較少的岔道上，還因為步徑狹窄，只能勉強將營帳斜著搭好。

由於附近沒有水源，所以晚餐熱食也不必了；洗漱後在睡袋裡躺下時，遠遠近近地土狼開始此起彼落的嚎叫，貓頭鷹的刺耳梟聲，赤狐尖銳的喧囂，秋蟲的唧唧，不知名動物的低喃……可我實在太累，前幾日的微恙尚未完全恢復，加上夜間趕路的壓力，顧不得其他，翻身便立刻睡著了。

畢竟已靠近終點，這便是我在那趟PCT旅程中的最後一次夜間遠足，隔天早早起身後，才發現即便是人跡罕至，但帳篷也確實完全把整條岔道口都擋住了，儘管夜裡動物交響樂規模盛大到讓人心生畏怯，白日裡這處有高聳美西側柏沿途夾道伸展開去的步道其實景色是如此幽靜秀麗，只因夜掩去了一切顏色，讓人無法也無心欣賞這片靜謐美好。在晨光中默默佇立眺望岔道旁長滿長草的大片荒地後，速速收拾停當，趕赴前程，八天之後，將直抵加拿大國境。

我討厭在夜裡徒步，黑夜裡看不見美麗的風光景色，除了專注在腳步和地面，還要在各種叫囂響動中留意隨時可能竄出的生物動靜，渾身雷達和天線全開以便感知一切，對心神委實太過負擔。然而長距離步道上，總有無可避免非得在夜裡繼續行程的時候，而那些曾經不得不的經驗，每一次都帶給我不同的學習，不同的回饋，日後想起時，竟然覺得如此珍貴，同時懷念不已。

我還是享受競爭，只不過對象是自己

勇氣並非總是大聲嘶吼。有時候勇氣只是在一天結束前平靜的說：明天我會再試一次。

——瑪麗・安妮・拉德馬赫(Mary Anne Radmacher)

身為重度閱讀者，我卻鮮少讀徒步書，也幾乎不看相關紀錄影片，徒步前不看不讀是不想讓先入為主的印象破壞自己的體驗；徒步後，則是因為很難在書中得到共鳴。似乎很多作品在記錄徒步的過程時，總是將辛苦掙扎的經驗輕描淡寫，卻又過度放大美好的記憶，隔著時空距離的敘說，讓許多人誤以為長程徒步是一種「壯闊、浪漫、奇情、冒險」的旅程。

當然不能說那全是誤導，每一段徒步經驗對本人而言都是無比珍貴的回憶。然而現實是，在每一步氣喘噓噓和瘦痛疲憊的同時，經常都伴隨著咒罵呻吟和情緒。那年在AT遇見的好幾位德國人最後放棄的理由都是「覺得被紀錄片給騙了」，影片中只呈現山徑上美好動人的一面，卻對所有的疲憊、傷病、苦痛毫無著墨。

PCT上一起攔便車到畢曉普（Bishop）的德國女生在車上跟我宣告自己的旅程將在優勝美地直接終結，長程徒步並不如她想像的夢幻愜意，而現實的開銷與傳說中的預算有著太大的落差，花費遠遠超過預期，令她擔心無以為繼，與其如此不如爽快放棄，餘下的時間金錢可以在離境美國之前好好到其他城市景點走訪。

離開，或許對很多局外人而言相當可惜，但我卻覺得她做了對自己相當負責任的決定。面對同樣的狀況，有人會選擇苦撐，然後繼續到下一個城鎮和步道天使蹭飯蹭住，勉強前行，終究仍免不了要離開的結局。不論步道天使有多好心、多大方、多樂意協助徒步者，那都不足以成為任何人理所當然去占便宜的理由。對我而言，自己的「夢想」自己負責，是身為一個全程徒步者的最基本要件。

同時，即使如此熱愛徒步，我也不覺得每個人都必需藉著徒步才能達成什麼體悟。事實上在新罕布夏有次和每天早晚照面，算得上是「一起」走了兩千多公里的金聊到這點，在當下我們兩個人想法一致：若有人問起，我們應該會告訴對方，如非出於對山林真心喜愛，其實我們並不建議來走AT，畢竟真的太操太辛苦，除了體力上的消耗和傷痛，還要在不算短的時間忍受各種荒郊野外的不便，現實中可以過得好好的人，何必如此自虐？

說是這樣說，然而嘗過長距離徒步的滋味後，那個癮頭會深入骨髓，跟許多山友一樣，山不來，我自就山，步道的召喚最是難以抗拒。

偶而會有人告訴我，他是因為聽說了我的故事後受到啟發，才決定去徒步的。對於這樣的回饋我真心感激，但說實在的，我從來不認為有誰是真的因為任何人的原因而決定去走什麼路，或做什麼事。那顆渴望自我挑戰和突破的種子原本就埋藏在自己心底，你我需要的只是一點觸動和契機，或許我只是有幸剛巧在適當的時機，以適當的角色出現而成為了那個觸媒，但萌芽的種子需要灌溉和呵護才能長成大樹，所有的一切關鍵終究還是在於自身，因此，還請回頭好好的和自己道謝，提起勇氣踏出第一步的你，值得所有嘉許。

話說回來，聽起來充滿抱怨呻吟和痠痛疲憊的步道，究竟又有什麼好迷戀的？

▲▲▲　▲▲▲

徒步時我常孤身一人，在廣闊的天地間深深感知生而為人的微小與脆弱；當行至絕頂極目張望群山蒼茫，或途經杳無人煙飄著流冰的深邃湖泊，或繞行無法想像會出現在此時此處的藍天綠草高山水塘時，總會被眼前的景色撼動心神，多希望有更多人能一睹這不似在人間的絕景。然而畢竟徒步者是一步一腳印堅實的報酬，只能默默攝入心眼，或者用相機記錄留待他日回顧。

絕景之外，更是肉體的勞動，偶而還伴隨著各種意外、突發狀況和傷害的挑戰。

高山上氣候經常詭譎多變，AT在新罕布夏州白山國家森林保護區的步道本就是惡名昭彰的難走，而白山上最著名的華盛頓山更是除了南極之外，地表測定風速最強的地方。再加上法令規定不得隨意搭營留宿，在這個區段裡，無論是受限於步道本身或是住宿營點，或多或少徒步者們的腳步都受到了限制。那天早晨和「動能」（Momentum）阿姨一起往拉法葉山進發，從山下往山頂看去，天空一片晴好，景緻分明，縱然有不少需要手腳並用的巨石路段，但隨著高度增加視野越發遼闊，陡峭的上坡路走起來也覺得心曠神怡。走到山頂時，突然起了風，不知從何而來的煙嵐開始瀰漫。

在山頂找到能稍微遮擋強風的位置簡單用過午餐後，開始小心翼翼地下行，身為野外菜鳥，可以說我所有的徒步技巧和野外知識都是一路上自行土法煉鋼摸索出來的，出於貪生怕死的本能，強風中我緊抓著兩根登山杖，每一步踏出去時，都先確保其他三點有確實落地。但風實在太強，背著沉重背包的我幾度被側風推到歪向一旁的嶙峋巨石，一步一步，我不敢求快，謹慎再謹慎地下降，豈知再度踏出腳步時，風突然轉向從身後而來，高於九十公里的風速下，我就這樣滾了下去。腦中那句「哇哩咧！」還沒過去，大約是三圈翻轉後，由於背包太重，我整個人就呈現頭上腳下兼烏龜翻身的姿態卡在巨石之間無法動彈。

回過頭對走在前面的「動能」大喊，奈何狂風吹散了我的呼叫，逼得我不能不使出吃奶的力氣。幾度呼喊，在白山上一直結伴同行的「動能」終於回過頭來，當場嚇壞，她迅速折返時，我已經先自行解開背包，在她的協助下重新站了起來。「動能」先要我確認是否有任何受傷的狀況，幸運的是除了左膝蓋扭到之外，大約就是一些瘀青擦傷，背包在關鍵時刻成了最佳緩衝，讓我免於更大的傷害。我請她先走，待走到林線下休息時再會合，就這樣慢慢地走到當天預定過夜的營點。跌打損傷的後遺症往往都在第二天之後才會正式登場，我就這樣拖著全身像被輾過似的痠痛繼續走完了整段白山，如今回望，傳說中如魔王般的路段，更有了他人無從想像的難忘經歷。

同樣的，在PCT進入內華達雪山山脈之前，徒步者們總會先受到種種警告，雪山段裡的危險不容輕率，最好能結伴同行，於是路上相遇的幾個人約好了要一起走過這一段。墨西哥情侶裡的男生前年曾走過兩千多公里的PCT，他主動幫大家規畫了大致的行程，儘管他和我都有持續輕微的高山反應，最終我們還是順利登頂美國本土最高峰的惠特尼山，也一起平安走過了積雪甚深的佛斯特隘口（Forester Pass）。

到畢曉普補給完從連結步道回到PCT那天，大家全都背足了八天的食物，準備一路衝刺到馬麥斯湖鎮（Mammoth Lakes）。然而計畫趕不上變化，第一天我和兩位夥伴還在連接步道上時，墨西哥女孩託其他徒步者帶了口信說她們得先回鎮上一趟，稍後會迎頭趕上，自此狀況不明。荷蘭女孩前一晚搭營在步道旁，早上經過時，還坐在帳篷裡跟我們互道早安，就此失去蹤影。法國人瑪麗前一晚回到連結步道口後就沒了消息，於是在說好一起走的第一天，七人小組已經少了四名成員。

沒關係，剩下三人正好組成台灣隊，我們參考墨西哥男生留下的計畫，再根據彼此的狀況來進行，步道總之就只有一條，每天一早約好晚上會合的營地後便各自解散按照自己的速度前進。除了第一晚在煮晚餐順便等待兩位台灣隊員來會合時，徒手打死的四十多隻蚊子，和在第二晚營地有隻囂張的美洲黑熊兩度接近來覓食之外，一切都堪稱順利。

直到第三晚，在一早說好的營點等待了兩個多小時，卻始終不見兩人現身，鹿群出沒大的營區裡只得我單人獨帳；隔天一早，原地等到七點半，再不出發實在不行了，就這樣，從七人小組，走回了一開始的天涯獨行。徒步本來就是個人的事，成不成群，隨緣便是了。

內華達雪山山脈的美無庸置疑，步道本身並不難走，但難在每日上下高海拔的身體適應問題，有數位認識的徒步者，甚至PCT老手，在此因為高度適應問題而棄走；當然也是有像我這樣稍稍適應後，還努力撐下去的。只是每當爬高超過三千六百公尺，胸悶氣短還是令人難受，每一天，都在不斷自我激勵「再一步，再一步就會離營點更近一點了」的掙扎中度過。

還難在一日數次要橫渡因高山融雪而湍急奔流的河道，已經有好幾回，眼睜睜看著前頭的人滑下清晨仍結著薄冰的石頭或木頭，濕了鞋襪事小，連人帶包滾落的才叫驚險。我因為腿長，通常能幸運越過，但也不免曾在不穩固的石頭上打滑，一腳就落入了冰凍的溪水中。

再者是無所不在的沙塵，讓人每晚在帳篷裡都相當崩潰，從小被外婆阿姨們稱讚的雙手因為低溫和日曬裂傷凍傷；指甲裂了又裂；姆指也因為雪地下坡緊握登山杖而結繭裂傷；擦完護唇膏不到一小時就開始脫皮乾裂流血的嘴唇；數不清的蚊子叮痕渾身遍布，無意識中抓到褲管上血跡斑斑。從ＡＴ到ＰＣＴ，向來都是眾人公認最不臭不髒的全程徒步者，在內華達雪山段無可避免地髒到了外太空。

最難的，莫過於在每個隘口因積雪掩蓋而難以辨認的路跡，這幾日裡數度找路找到相當崩潰，尤其是落單第一日在最難走的穆爾隘口（Muir Pass）南面，即使有離線地圖，短短三公里出頭居然花了快兩小時才登頂；而北面積雪往往較深，若非趁上午氣溫攀升前儘快完成，經過日照後的雪地就會軟化變身為鑽井地獄，每走一步就下陷一次。於是摔倒、扭傷腳踝、踏入伏流，各種慘澹。

白雪掩蓋了真實地面的景況，看似平整的雪原甚至讓我一度整條左腿踩空陷進雪坑裡動彈不得，濕軟的雪地難以支撐手的施力讓自己從雪堆裡起身，我就用那個奇怪的姿勢躺在雪中嘆息，無奈極目四望毫無人蹤，不得不想辦法先把背包卸下，以躺姿用雙臂撐著身體慢慢倒退把自己從雪地裡「拔」出來。眼看著就要脫困時，鞋子又卡在雪堆裡，想脫掉鞋子以求脫身，才發現勾在鞋帶上固定的綁腿成了障礙，真是難為我能平心靜氣設法解開綁腿，脫掉鞋子後，再徒手剷雪「挖」出鞋子，接著若無其事般地摸摸鼻子穿上鞋，起身操起背包，繼續雪地上的迷路行程。

那晚一直走到將近八點才抵達營點，到的時候幾乎所有徒步者們都在帳篷裡睡下了。我又餓又累，狼狽不堪，隨意在巨石邊的避風處迅速搭上營帳，煮了辛拉麵唏哩呼嚕吞下，簡單梳洗後就爬進睡袋秒睡。直到十一點多突然被左腳踝上的扭傷和下背部的尾椎痛醒，那痛之離奇，痛到我腰部以下全都動彈不得，不僅沒辦法翻身，還連移動雙腿都難以忍受，暗夜中握緊拳頭感覺腳踝在發燙，尾椎在尖叫，我猜想大概是扭傷的部位發炎了，無計可施之餘只能將左手握成拳頭塞到後腰底下撐著去緩解。實在好痛，痛到無法形容，痛到覺得前程無望，痛到忍不住想該不會我的PCT在這裡就要告終了吧？無法入睡但又困倦已極，累到甚至連設法取出止痛藥的念頭都絲毫不曾想起。

累到一個極致，凌晨三點多我最終還是在痛楚中睡了過去，隔天一早按照生理時鐘在五點三十分醒來，嘗試動動手腳，居然奇跡似地完全無傷無感，一面疑惑，一面慶幸，拔營打包後開走，腳步輕快，睡眠不足之下體力沒受任何影響，且此後一路上也不曾再出現類似的狀況。至今我仍然難以理解那一夜究竟發生了什麼事，那場死去活來的痛恍若南柯一夢，思來想去，也只能感謝自己的傻膽，並感歎人體奇妙的自癒能力了。

總之，因為落單，我把原訂的八天行程走成了六天，是一種迫不及待想回到人間的渴望驅使。這落單的四天裡，想當然爾因為卯足氣力而累到翻掉，因為疲憊，更為了躲避無所不在的蚊蚋，總是早早躲入帳篷裡，夜夜都是倒頭就睡，有天靠近營點時瞥見在附近水澤徘徊的灰狼，但充足的水源和平整的營地加上整日的疲憊，猶豫了三秒鐘還是留下了，稍晚抵達的德國女孩在日落後害怕地問我營地旁的動靜是什麼聲音？回說是狼，讓她嚇壞，甚至想拔營離開，隔著帳篷在我安撫下好容易才打消念頭，而我只想睡，即使後來營地旁整夜狼嚎此起彼落都充耳不聞。況且也實在太想快快進城好好洗個澡，把自己弄乾淨，想吃到正常的食物，更不願意因為成群再遷就他人的習慣和行動，把時間浪費在無謂的等待上了。

拜偶然同行的鐵打退伍軍人「老手」（Old Timer）大爺所賜，那天步調相近的我們比預估時間更早便抵達了瑞茲草原（Red's Meadow），原計畫是先在瑞茲草原搭營過夜，隔天再搭一早的巴士進馬麥斯湖鎮，於是放下背包便進了一旁的小餐廳點了三明治打算先飽餐一頓。用餐期間，一輛公車駛來停在餐廳旁邊，問了櫃檯大姐，她說那是當天最晚一班進城的班車，原以為公車大概馬上要出發了，沒想到過了近五分鐘還停在原地，我對「老手」說：「如果衝一下我們今天說不定就能趕得上公車進城了？」待「老手」悠哉地點點頭，我毫不遲疑地一把抄起背包就衝了。公車將近滿載，坐在最後一排，卻遲遲不見「老手」身影，我眼巴巴地盯著車門，最後在公車啟動前才看到「老手」上了車。前座的年輕男性徒步者起身把座位讓給年近七十的「老手」，公車沿著馬路慢慢向前駛去，「老手」回過頭笑著對我說：「妳知道嗎？剛剛在餐廳妳沒有付錢，我跟櫃檯說妳一定是太急著趕車忘記，所以就先幫妳結帳了。」

我一聽直接傻眼：「哇！我真的完全忘了這件事，只想著趕快上車才能進城啊！」「老手」說：「我就知道妳是忘了。」趕緊掏出錢還給他，我想這麼好笑又烏龍的事情若不是在PCT也很難發生，而且大概會被「老手」拿去當成笑話一路講到加拿大吧？（事實上的確如此，而且他連回家後被邀請舉辦了好幾次分享會也都講了我這件糗事。）

也終於不得不承認自己是真有潔癖這件事了，到飯店辦完入住手續後，先是在浴室裡，從頭到腳打了三次香皂把自己徹底刷洗過後，才稍稍覺得恢復人樣。到餐廳點了晚餐，卻因為太過貪心，自認全程徒步者的實力非凡，結果義大利麵吃不完一半，沙拉也只啃了兩口，雪山六日下來，真心累到連飯都吃不下了。

若問我，如此自虐的旅程為何會一再樂此不疲？

或許就因為在那些疼痛、困頓和無可奈何中，不得不一次又一次坦露自己無遮的本質，淬鍊了自己平凡但真實的性格吧？身為野外菜雞，我很清楚自己的遠遠不足，也願意低頭虛心受教，從裝備、路線、到各種困境。徒步對我而言是一件非常個人，不值得跟誰說道的嗜好，這世上強者太多，同時也有很多人總是很著急地想透過什麼去證明自己的特殊，讓自己被看見；急著向世界昭告自己最棒、最強、是某個領域最有話語權的先鋒，於是產生了種種精彩競爭。但若將這樣的競爭放到自己單純熱愛的徒步和山林裡，總覺得會褻瀆了那份純粹。既然厲害的人這麼多，那做一個山林仰慕者對我來說已經太過足夠。然而我還是享受競爭的，只不過對象是自己，步道上的日常，正猶如一場又一場的空擊練習（shadow boxing）。就是在路途中克服惰性、戰勝憂慮，和疲憊、痠痛及種種情緒平和共處後，抵達每一日的終點，那一次又一次的小小勝利，加總成如今的距離，也積累成此刻的我。

一旦踏出腳步，每一趟旅程，每一條路徑，都是專屬於我的競技場，在廣闊的天地間孤身一人但生動妙趣的渺小武林。

最不臭的PCT全程徒步者

人要衣裝，這道理就算是到了鳥不拉屎，或者該說，很多鳥屎的荒郊野外也同樣適用。

其實我不覺得自己有特別愛乾淨到「潔癖」的程度，尤其這幾年在步道上的生活加一加也算得上不短，對於野外徒步時混身髒兮兮這件事，再怎樣神經質，也已經算得上是相當放下了。

只是每天如果紮營在水邊，不下去泡腳游個泳，也總會認真地用大手巾洗臉擦身，擦洗去一身塵土髒汙，多麼清爽。就算是不得已要在無水源營點過夜，鑽進帳蓬裡最起碼也要用抗菌濕紙巾把臉跟手腳仔細擦乾淨再換上備用衣物，否則是要怎麼安心鑽進睡袋呢？

在南加沙漠段時曾到步道天使艾莉卡的家叨擾了幾天，有回聊天時她問，接待過不計其數的徒步者，我是她唯二遇過完全不臭的例外（另一位是住在拉斯維加斯的純素食日本大叔），其他人就算洗過澡也還是濃到揮不去的體味，尤其是背包，臭到幾乎都產生不容忽視的存在感了，但我的背包就擺在那裡，靜默到成了背景，究竟是怎麼辦到的？我也只能滿天問號，因為我真的不知道啊⋯⋯

身為懶人，每回進小鎮後若非時間太早還不能登記住宿，不然一定要先衝飯店辦完登記，進房間後先認真把自己徹底洗刷兩遍，趁著等待洗烘衣的時間去覓食，然後把該做的補給採買順便處理掉，接下來就可以好好放空休息了。然而幾次跟其他徒步者同住一房時，發現並非每個人都那麼重視洗澡這件事，有些人鞋襪衣褲臭到可以當生化武器，有些背包的臭則簡直是移動式汽油彈等級；縱是如此，還得我三催四請才願意移步去洗澡。

在步道上久了，對不是來自自然的氣味會變得相對敏感，接近城鎮時常常還大老遠我就知道有短程踏青的行人正逆向接近中，原因無他，在日常裡習以為常到無感的洗髮沐浴精、洗衣精和衣物柔軟精的香氣，在開闊的荒郊野地裡會顯得特別清新突出，而氣味其實也牽涉到安全問題，嗅覺敏銳又充滿好奇心的美洲黑熊和棕熊會受到食物香氣吸引而來，所以一般我們常用的香草、草莓護手霜或護唇膏在步道上都不是什麼好主意。話雖如此，放任自己「原汁原味」呈現自我，實在也不太妙。更不明白的是，為什麼有人明明剛洗過澡，還可以味道重到讓人不得不屏息呢？

從北卡溫泉鎮回到步道的上坡路，曾走在一個速度相對慢得多的年輕女孩身後，幾度嘗試超車，奈何步徑狹窄不容錯身，急著超車當然是想按照自己的步調正常前進，但當下更大的原因是她位在上風處，走在後頭的我真的差點被熏死。明明我們剛離開ＡＴ上罕見的、步道直接穿行而過的小鎮，所有徒步者勢必會在此補給梳洗過啊，為什麼她聞起來還可以像是好幾天沒認真洗過澡的樣子？幸好她在堅持了幾十公尺後，終於在一個轉彎處靠邊停下來喘息，讓我得以順利超越，不然一邊爬升一邊閉氣也真是太難為我了。

在厄爾文鎮（Erwin）全休的午後，當我一身乾淨清爽又饜足地攤在強尼大叔青旅外頭的椅子上恍神時，突然一股「熟悉的」強烈氣味從旁飄散而過，反射坐起時，才發現原來那位在溫泉鎮外遇到的女孩也來了。不過她頭髮濕濡還微滴著水，身上套了件寬大的T恤，趿雙人字拖，拎著換下的衣服正要去找洗衣機，很顯然是剛洗過澡啊，所以這股味道究竟是從何而來？

撇開氣味不談，長距離徒步者為求行囊輕省，攜帶的物品通常都會相對精簡，以服裝來說除了身上穿的一套，通常就是再帶一套搭營時換穿的備用衣物。因此進小鎮補給時若能投宿到提供替換衣物的民宿或青旅最是讓人開心，這表示所有衣物都能一口氣全部扒下來洗個乾淨。民宿青旅裡的替換衣物五花八門，我穿過醫護人員專用的刷手服、籃球短褲、大三號沒聽過名字的大學T、格子睡褲、超短迷你裙、甚至是五〇年代剪裁的老奶奶洋裝。因為多少帶著一點脫離日常的旅行心情，再奇葩的打扮也覺得有趣，混搭成各種難以形容的風（瘋）格，被戲稱為「徒步者時尚」（hiker fashion）。

偶而一早便進了城鎮，飯店還無法入住，行程便要機動調整，先找到自助洗衣把身上和背包裡能拿出來的衣物都丟進去清洗，當衣服幾乎都在洗衣機裡翻滾又沒有免費替換衣物可穿時，也是我戲稱為徒步者時裝秀的時刻，通常大家會套上雨衣雨褲、浴巾、防寒羽絨衣……畫面有時很荒誕，卻從沒有人對此有意見或批評，畢竟目標在遠方，且反正不管再如何注意，回步道後終究會髒成一個境界，飾美於外也就變得無謂而多餘，可以說全程徒步者或許是我遇見過最專注於目標而不講究外表的一群人了。

PCT進入奧勒岡州後，分段徒步跟南向全程徒步者人數大增。出了姊妹鎮（Sisters）到喀斯喀特洛克斯（Cascade Locks）這四、五天以來，除了前三晚搭營時，和到林線度假屋吃步道上最有名的包肥自助餐外，因為習慣早早出發，整天下來我從沒在路上遇過任何北向徒步者（沒人超我車）；但幾乎每天對向擦肩而過的人數都不下十五到二十人次。

步道上相遇，我總習慣讓道給人，從AT一路來到此處幾千公里累積下來，發現一個很有趣的現象，那些剛走完幾百公里的南向徒步者臉上總是帶著一種「我走全程，我驕傲」的雀躍自信，跟已經走完三千多公里，不修邊幅到媽媽都快認不得的我輩北向者的狼狽低調形成有趣對比；而分段或週末徒步者們多半衣裝整潔，身上還飄散著沐浴乳和洗髮精的香味，態度也比較淡漠有距離。

進入北加之後，由於乾熱欲焚的氣溫和高落差起伏不定的山徑，加上山火煙塵帶來的熱，我根本成天呈現一種泡在汗裡的狀態，我知道自己「不臭」，但那持續累積汗濕的背包肩帶就不是這麼回事了。為了避免熏死路人，錯身時我總會識相地閃遠一點。

老實說，北加段上我遇到的步道魔法還真不算多，因為我幾乎每天五點出頭出發，有時甚至四點左右就趁著晨涼天光動身，常常經過那些車輛可達的路口時步道天使們還沒抵達，或是等我走到時他們已經離開了，不過幾次接受步道天使照顧時，他們剛開始都會問我這次打算走多遠？聽到我是全程徒步者時，往往非常訝異，因為我「看起來不像其他全程徒步者」。

而在奧勒岡，不知是不是錯覺，總覺得遇到的步道天使們，剛開始對我的態度都不算太過熱絡，然而一旦聊到我是從墨西哥邊境出發的，他們的態度就會突然得親切又熱情，而我始終不明白這種轉變的原因。

直到那天走進喀斯喀特洛克斯鎮，農夫市集旁的路邊擺了個步道大使展示攤位，好奇過去瞧瞧，負責攤位的志工女士很客氣地介紹了一下，問我是不是有興趣到附近的步道走走？對於這一帶去年的山火是不是知情？

我說我才剛從步道上下來，早上一路經過那段重新開放的山火區。

她大概是基於禮貌問我是趁週末來喀斯喀特洛克斯玩，或是陪家人來參加路跑活動的嗎？

我回答她：「喔，不是，我只是正好在走ＰＣＴ。」

她愣住了大概三秒鐘，就連攤位一旁正在翻閱資料的幾位分段徒步者也跟著側目了。

「所以妳是PCT徒步者？妳該不會是從墨西哥走過來的吧？」

「我是。」

「噢！我的天啊！這年頭你們PCT徒步者的背包都很小，根本就跟其他觀光客沒兩樣！而且妳看起來乾乾淨淨，衣裝得體，態度沉靜又淡定，完全不像剛走了三千多公里的人啊！」一旁的路人紛紛跟著點頭稱是。

我笑了出來，抬起腳讓他們看看我沾滿灰塵的褲管：「謝謝啦！但是妳最好還是離我遠一點，我很臭，而且髒死啦！」

「不不不！妳是我看過最乾淨，而且最不臭的PCT全程徒步者了！我剛剛真的還以為妳只是來度週末的！」

好吧……我想我終於瞭解為什麼難得遇到的步道天使們一開始都對我沒那麼熱絡了。人要衣裝，而且要看身分跟場合，關於怎麼讓自己看起來更像個全程徒步者，這門功課我大概得重修好幾次，但我才一點都不想及格勒！

無所欲求的善意總會吸引來相近的磁場

Everything happens for a reason.

這天的步道照樣熱到讓人厭世，靠近州界的山火狀況不容樂觀，跨越州界的路段或許會就此封閉，此去還有許多狀況仍屬未知，儘管如此，心境上我已經完全回復平靜了。

老實說昨日一早離開飯店後，該攔便車回步道的我在鎮上放爛了一整天，從吃早餐的咖啡廳換到中午的啤酒吧，再換到午後的賽百味（Subway），就只是一個人坐著，時而思索，時而發呆。

理智上很清楚自己該做些什麼，該提起精神，該回到計畫的軌道上，哪怕只走個五英里、十英里也好，我跟自己說了義正詞嚴又廢話連篇的大道理，從各種角度分析了所有該立刻行動的理由，甚至連走到下個小鎮要給自己的小小獎勵都設想過了；但就是一股莫名的躁動在心底翻攪，隔著落地玻璃的北加州燦爛陽光只是讓人感到更加躁動不耐，我強忍著不知從何而來的焦躁，始終無法起身行動。至於為什麼焦躁，為什麼困坐，撓心撓肺地反覆思量也沒能得出任何結論。

在賽百味喝完第三杯咖啡配第二塊餅乾後，終於我認清也接受了自己根本還沒有準備好要回步道的事實，時間已近傍晚五點，若不想流落街頭過夜，最好還是趕快回飯店問問還有沒有房間。

推門而出那一刻，前一週在步道上幾度照面的艾莉森大姐迎面走來。在步道上首次超她車的那晚，我們跟一群陌生的徒步者在州立公園規畫過的平整營地搭帳，去森林餐廳吃飯，又到餐廳附屬的泳池裡泡到直至滿天星辰，天南地北地聊了許多，從步道上的甘苦、她入境美國時受到的連番質問（為什麼一位女性要獨自飛越大半個地球來走PCT？）、喜歡的音樂、到互相推薦最愛的步道零食，幾乎無所不談。這位優雅沉穩的女士，熱愛山林，熱愛水上活動，經常利用長假跟先生在澳洲各處野外徒步或騎行。步道上她速度並不算快，兩日不見，沒想到她竟能追上我的腳步。

稍微聊了一下，她說她得回澳洲了，她的父親過世，身為唯一繼承人，律師通知她必須盡快回去親自處理後事，並上法庭進行遺囑生效手續，因此她隔天一早就得從瑞丁機場飛至洛杉磯轉機，所以她下午在步道口攔便車到了這裡，先上網處理各種機票事宜，明日可能清晨四、五點就得退房再出去設法攔便車到瑞丁。

我覺得這種時候不能放她一個人，但也不能不管今晚住宿的事，所以跟她說好了她點餐，而我先回飯店辦完入住手續後馬上就回來找她。

左轉回飯店的短短幾分鐘距離裡，千頭萬緒在腦袋裡亂竄，突然間靈光一閃，拿起手機撥了電話。

崔煦是前天剛進小鎮時在飯店停車場遇到的一位太太，她和先生從西雅圖南下，正在公路旅行中，趁著週末拐彎到鎮上來拜訪親戚。那天她看我走起路來右腳一拐一拐，熱心地問了狀況，除了想知道我有沒有什麼需要外，也建議我可以考慮到不遠的溫泉小鎮休息兩天，好好泡泡腳，讓被新鞋折磨到腫起的阿基里斯腱可以順利消腫恢復。最後甚至還提議星期六回頭開往瑞丁的時候可以順道載我一程。

這個提議其實很誘人，然而我一心只擔心著面前還像永無止盡的長路，志不在此，早將此事忘得一乾二淨，瑞丁這個關鍵字偏在此時適時亮起。

電話中和崔煦簡單說明狀況後，她沒有任何猶豫馬上表示沒有問題；我便當場轉身回賽百味告訴艾莉森我已經找到能送她到瑞丁的便車，所以我們得立刻回飯店幫她打包了。

聽到這消息艾莉森顯然是意外又如釋重負，再次跟我確認狀況後，忙不迭先打電話回布里斯本通知她先生最新狀況，再和我一起回飯店準備收拾行裝。正在一旁等待取餐的鎮上大姐偶然聽見了我們的對話，在艾莉森跟丈夫通話時，主動提出明天一早上班時可以順路載我回步道口；而艾莉森說，既然她要離開了，那我正好可以睡她房間裡的另一張床啊！於是我住宿的問題也順利解決了。

我並非任何宗教的虔誠信徒，但又該如何解釋眼下這一連串巧合？我想無所欲求的善意總是會吸引來相近的磁場，凡事必有因，不論怎麼思索，始終，我們都是深受眷顧的。

道別時，艾莉森用力地抱了我好久，說若不是我，她早已經預想到自己隔天清早會是一邊哭著攔車，一邊急得團團轉的樣子。

為了PCT，她用二十年的護理師工作資歷請了半年特休，沒想到無法走到最後。不過她一直都認為留點遺憾的旅程才是最美的，這樣一來，她就有最好的理由再來一趟，把剩下的步道接續走完了。

而我，在車子絕塵遠去那一刻，對於這一整天的坐立難安和貌似是虛擲的光陰，瞬間釋然。

Everything happens for a reason, and the trail provides.

彷彿在現實生活裡，成為了一個永遠的異鄉人

隨著終點漸近，行進位置趨北，日夜溫差也驟增，最後一週幾乎都獨自搭營在林線邊上，夜裡風大，號稱能抵擋零下十度低溫的睡袋裡仍不免瑟縮；而白日的天空總是陰沉著臉，然至少未曾遇雨，想來還是那樣幸運的。

或許因為步道生活接近尾聲，心情較為放鬆；也或許是因為不久前原因不明的微恙，旅人的疲態再也掩藏不住。

史蒂文斯隘口（Stevens Pass）後我的速度明顯慢了下來，雖說是照常一路超別人的車，但休息的時間拉長了，也不再要求自己一定要走到多遠而匆匆趕路。每天大致維持在二十七英里（約四十三公里）左右的舒適距離，早早就能停步休息，慢慢煮食整備，趁著天色騁目山水之間，倒也愜意。

PCT上最後一夜的晚餐是「老謝二號」在眾神之橋（Bridge of the Gods）道別前留給

我的台灣泡麵和台糖薑茶，寒夜裡溫暖了我的胃，更溫暖了我的心。在PCT上我有兩位珍貴的「徒步家族」（Trail Family，簡稱 Tramily）剛好都是謝姓的台灣人，「老謝一號」是醫術高明的中醫師，我們透過遍路社團而熟悉，直到PCT上才在馬麥斯湖鎮第一次見面，靠著跟他隔空取經，半調子我也能簡單處理自己和其他徒步者的各種經絡痠痛問題；「老謝二號」則和我相遇在沙漠小鎮，雖然我們在內華達山脈開始不久便因為步調不同而分開，她也因為工作的關係從華盛頓州離開步道先回了加拿大，但仍舊一路關心並支持我的旅程。緣分真的非常奇妙，誰想過在遠離故鄉幾千公里的異國荒野中，卻能認識這麼投契的夥伴？

隔日一大清早抵達北紀念碑，原地等了十五分鐘左右都沒有人隨後而來，只好把手機夾在背包前袋中搞笑自拍。

在曼寧公園旅棧和溫哥華跟幾位在我後頭抵達終點的全程徒步者碰面吃飯時，他們都說明明看見我一早經過他們的營點還彼此打了招呼，怎麼遍尋不著「哈扣」（我的步道名號）的簽名？

這一說才恍然想起，原來我記掛著不想讓特地大老遠從卡加利（Calgary）開車來迎接我的「老謝二號」久候，拍完照抄起背包就這樣踏進了久違的加拿大國境。居然把要在北紀念碑後的最後一本步道記錄本上簽名這件事忘得一乾二淨了。但無妨，這才符合本人一貫糊塗的風格啊！

往曼寧公園旅棧的路上我一直在想，若不是那座國界碑標示出無形的界線，又有誰能分辨得出哪裡是美國，哪裡是加拿大？步道長得都一個樣，兩旁的植被也沒有什麼不同，逆向而來幾位週末踏青的加拿大遊客跟PCT一路上遇到過的徒步者，除了乾淨程度有別，長相裝扮也沒太大差異。

好吧，當我輕快攀上又爬下橫亙步道上的巨大倒木繼續向前時，的確是讓那位逆向而來繞了一大圈避開障礙的加拿大大叔瞠目結舌且數度回首，但這一天，也跟每一次結束任何一趟徒步旅程一樣，就是個再尋常不過的日子罷了。

上禮拜在登山者旅棧半休日，和那位出發前就在聖地牙哥機場認識的大男生「派對咖」（Shindig）聊天，他說他本以為走完全程回到西雅圖時，或許會發現自己和原本身邊的人事物都改變了，但似乎並沒有啊……

他的話讓我禁不住微笑起來：「啊！真是個傻孩子呀！」

什麼都沒變的，包括我們自己。

但也似乎什麼都變了，微妙地，難以名狀。

更重要的是，回來之後，就算想說說步道上的事，除了自己之外，身邊也沒有人真的在意或理解你走了多遠多久多操多累多爽多辛苦。

於是在心裡，你有了一處像是無法被觸碰到的疏離角落；於是，你偶而會感覺，一種遙遠的孤獨。

彷彿在現實生活裡，成為了一個永遠的異鄉人。

從朱紅谷度假村（Vermilion Valley Resort）中退的墨西哥美女黛安娜傳訊問我：

"How was it? Tell me everything.

Did you cry?! Send me a picture of yourself in the monument. I want to have that! Did you get there with someone else? How are you, Hardcore?"

接到我的「老謝二號」也說：「妳看起來好平靜喔！跟我想像中的不一樣。」

說真的，或者是個性使然，從遍路開始，向來如此，一步一步走過的旅程累積成腳下的踏實，擁抱終點時並不會有香檳、拉炮、鮮花、親友團或煙火迎接，有的只是類似如釋重負的安心，或者還有即將告別徒步生活的淡淡寂寥，但這歸根究柢不過就是另一趟順利結束的旅程，再如何頻頻回顧，終究要轉身朝向新的篇章前行。

當然照例的我又要謝天，每一次的長程徒步能平安圓滿落幕都不會是靠一己的力量完成。無論現實上或精神上的支持，都是無上祝福，且容我在此以一句單薄的「謝謝」，為這趟旅程中受到的一切關照表達真心感恩。

溫哥華的最後一個午後，倦意猶在，有情有義的「老謝二號」還要一路開車回卡加利，在唐人街道別後，自己閒晃著去喝了咖啡，這裡那裡小逛了一圈，吃了喜歡的沾麵，買了幾本書，待明日一早的班機往蒙特婁，繼續一趟回歸現實前的小小緩衝旅程。

這段五個多月的荒野生活已然畫下句點，越是走得遠，越是清楚，接著的下一站，願跟大家一起，走向平靜的幸福。

然而我必須要說，那男孩其實變了，表情從出發前的雀躍張揚，變得溫柔沉斂，是一種美好的轉變。

感謝自己的懦弱，我終於學會了真正的擁抱自己

到家了，在前後五個多月的晃蕩之後。

整理了行李，洗去僕僕風塵，坐在慣常工作的位置上對著電腦螢幕，一抬頭就是窗外結實累累的花水木，感覺自然而日常，又有點奇異的生疏。

出門前才剛剛長出一樹新葉的枝枒，如今卻像是直接跳過花期的綠意繁茂，我的春天、夏天、初秋都到哪裡去了啊？！

腦袋和心都還有些飄浮，一度想不起自己到底把MacBook Pro收到哪裡去了。出門前讀到一半的書、開封後才喝了一半的咖啡豆、剛買的一堆有的沒的玩意兒們都還在老位置，該收的收，該丟的丟，就像是每一次長程徒步回家後的恍惚，彷彿我從未曾離開過，彷彿過去幾個月的步道生活只是夢境一場。

在路上常被問起ＡＴ和ＰＣＴ哪一條比較有趣、辛苦、有挑戰？我比較喜歡哪一條？徒

步中覺得還沒走完說來不客觀，徒步完依然難以給出來答案，兩條無論氣候條件和步道環境都不同的步徑，要如何做出比較呢？

說起來這一趟與前一年的ＡＴ似乎完全不同，卻又沒什麼不一樣，連這種回來後對自己家熟悉又陌生的尷尬感都如出一轍。

在長距離徒步領域裡，我其實「出道」甚晚，還只是個很嫩的菜逼巴，只是一直相當幸運地有時間、有機會陸續走了幾條步道，又非常幸運地遇到各種善心人士和夥伴的照顧與幫忙，在每一條步道上也相當神奇的遇上各種未曾有過的經歷，一次次，一樁樁，就像打怪破關，硬著頭皮總也撐過去了。

那日回家路上途經紐約與老朋友約飯，Ｈ照例要問我這一次最大的心得是什麼？我說，即使自遍路道便有所體悟，但在步道上的所有行為與面對眼前狀況的反應，完全就是一個人真實性格鏡像般的如實反射。

然則以往徒步菜雞的能力或許僅僅足以應付操勞的行程，因此大部分的時間注意力也只能聚焦在自己身上；而這一回，由於ＰＣＴ在體力上的消磨挑戰遠不如ＡＴ，加上大把獨處的時光，才勉強有了餘裕去留意和觀察其他徒步者的狀況。

於是乎，「面對步道的態度也是一個人真實性格和面對人生態度的如實反射」這個事實，便更加清晰呈現了。

在步道上，其實很常聽見誰誰誰抄小路、走捷徑、山火封閉時不照官方改道，而挑容易走的替代路線、甚至是攔便車跳過整個段落，卻依舊以全程徒步的名號自稱……當我走得東倒西歪，累得七葷八素時，當然也曾對此感到不以為然。

但回頭想想，自己走這條步道究竟是為了誰，又為了什麼呢？

那些因為壯麗山水而驚歎、因為身處山林在自然裡而心曠神怡、因為偶然釐清過往糾結而釋然心寬、因為尋得好營點而開心、因為與其他徒步者深刻對談而感觸動容、因為意外得到美好的步道奇蹟而歡喜的經驗自不消說。

而當我因為水泡嚴重感染不得不停步在沙漠邊荒小鎮超過一週時、當我因不明原因在山上連續腹瀉數天走到虛脫寒顫時、在冷雨裡拖著微恙身體前進整天最後因雨勢過大只能躲在帳篷裡啃能量棒充作晚餐時、當我一次又一次在步道上迷路、滾落雪坡、陷入雪地動彈不得、絆倒、仆街、扭傷、因負重過度大腿抽筋、在沙漠熱到中暑、被蜜蜂叮、因為水源稀缺走到快脫水；遇見灰狼、遇見熊、遇見郊狼、遇見山貓；在暗夜裡摸黑獨走只為了尋找一方可以留宿的平坦地面、在沙漠荒野因為乾熱欲焚走到極度厭世、在內華達山脈群峰間持續輕微高山症、被山火煙霧包圍了數百英里完全沒有機會欣賞到大景、夜裡動不動被華盛頓州林線上的寒冷低溫凍醒在睡袋裡瑟縮時……究竟是什麼讓我堅持了下去呢？

與其說是勇敢，那其實更是出於懦弱。

因為懦弱，無法承受事後對於放棄或跳里程、抄捷徑的愧疚自責，所以才能堅持著走過每一段掙扎；因為懦弱，才只能默默持續向前，一步接著一步。

而話說回來，這趟ＰＣＴ旅程已經結束，至少可以坦然地說，我的確是走完了全程。感謝路上的一切相遇，感謝自己的懦弱，在路上我學會了真正的擁抱自己；黑暗，也是一種力量。

徒步者經驗談

part 4

接待與步道天使

步道是自己決定要去走的，山是自己要去登的，對我來說這些決定做了之後，從計畫、裝備到預算，當然也要自己準備和承擔。不過在這幾條走過的徒步道上，的確會遇到一些計畫外的支持、打氣、幫助，由於出乎意料，往往分外驚喜。

若曾稍微了解一下四國遍路資訊，想必會看到「接待」一詞，「接待」是針對遍路者的招待，往往以禮物的方式呈現，來自路上相逢的當地人士、店家、民宿、甚至是朝拜的番所寺院。「接待」的內容包羅萬象，從飲料、食物水果、手作小物、現金、住宿、便車、小紀念品、得以歇腳稍坐的休憩處、能免費或是以非常低價過夜的善根宿等不一而足。

來自於當地人的「接待」有其深意，因為四國人深信遍路者不僅僅背負著自己的信仰和祈求，同時也為世人祈願和懺悔苦行，而許多人礙於家庭工作或身體狀況等原因尚無法親自成行，便以接待的方式，來傳達感謝和支持之意，請遍路者帶著他們的心意一同上路。

在遍路道上我常被老奶奶們當街攔下，塞給我鯛魚燒、削好的水果、冰得透心涼的運動飲料、糖果、甚至是日圓現金說要讓我去買飲料，也有好幾次在寺裡的納經所拿到胸針、吊飾等紀念小物，有些商務飯店有針對遍路者的優惠方案，而也有少數民宿或旅館會在退房時打包簡單的午餐當作對遍路者的招待。印象很深刻的一次是投宿在第四十三番明石寺附近的旅館，老闆娘說為了慶祝裝潢完成當天重新開業，讓後廚特地做了鯛魚飯當晚餐，隔天一早除了打包的豐盛午餐之外，還特地塞了一個五圓硬幣，說是讓我到下一番參拜時能夠用於與供奉的本尊菩薩結緣。在我眼中「接待」背後的用心之細緻，價值遠遠大於物品或優惠本身。

離開第三十二番禪師峰寺那個傍晚，正是水泡長到打結簡直寸步難行的時候，那一帶住宿有限，尚未預訂住宿的我正頭痛著該如何前往飯店途中，幸運地在剛出寺便被車遍路中的原夫婦便車接待，一起帶到他們當晚預約好的商務飯店，隔天還堅持帶我去看醫生拿藥。上車前富佐子阿姨先取出拖鞋讓我換上，取了藥後去第三十三番雪蹊寺參拜完，還特地繞了點路帶我到以坂本龍馬雕像聞名的桂濱去觀光。怕我腳上傷口未癒，先是帶我到當天住宿點安置，直接把拖鞋留給我，分別時尚且一再交代有任何事都可以打電話給住在德島的他們，後續也不時傳訊確認我的狀況。抵達七十五番善通寺那日，在寺境裡遠遠彼此望見，我直覺飛奔上前，富佐子阿姨開心地說，剛剛還想著會不會那麼巧遇見呢！僅只一日不到的相處，便成就持續至今的情誼，把我當女兒看待的兩位長輩在書信往來中總是多有關懷叮嚀，遍路上偶遇締結的情誼深刻不可思議。

聖雅各朝聖道上雖然沒有類似的概念，但我還是三番數次得到來自陌生人和店家的招待，獨自在德巴酒吧用餐時，一旁的當地大叔過來攀談，聊徒步、聊推薦的巴斯克飲食美酒，說到激動處，要我在吧台座位上稍待後便閃身而出，片刻後帶回一包熱騰騰，裹著糖粉和巧克力醬的西班牙油條，不由分說塞過來：「走路需要很多熱量，西班牙油條最合適了！」

「葡萄牙之路」上偶而途經一間開在巷子裡掛著各式火腿肉品的小店，正值午餐時間，飢腸轆轆的我推門而入，比手畫腳地指指點點，點了夾著生火腿的三明治和單杯紅酒，小店生意很好，光顧的都是當地街坊，見我獨自一人的朝聖者打扮也不以為怪，片刻圍著白圍裙的小哥送上一盤切好的哈密瓜和生火腿，一陣雞同鴨講後終於搞懂是隔壁桌大爺幫我點的。「¡Buen Camino!」大爺說，整間客人一起舉杯，令人受寵若驚，離開前櫃檯後的老闆笑嘻嘻地擺擺手不肯收錢，只是回應了一聲：「¡Buen Camino!」就這樣莫名地白吃白喝了一頓。

▲▲▲　▲▲▲

相對於四國遍路上比較隨機個人的「接待」，美國AT跟PCT上也有所謂的步道天使，和從事養護工作的志工不同，步道天使大多比較私人、自發性、隨機、通常無償，而且和徒步者的連結性更強，步道天使所提供的各種物資或服務稱之為步道魔法，許多在地步道組織會不定期舉辦步道魔法活動，而步道上也有各種由步道天使私人提供但規模頗為可觀的步道魔法。無論是讓徒步者搭便車往返小鎮補給、在步道口免費或設置冷藏箱發送食物飲料和醫療急救用品、在缺水區步道口設置補水箱、收留徒步者過夜、在急難時提供援助、甚至只是萍水相逢一場充滿深意的交談、幾句鼓勵，他們的付出都讓徒步者的腳步更為堅定，旅程也更為豐富。

這些步道天使就跟徒步者一樣來自不同背景職業，有些是過去走過步道的徒步者，有些人是因為家人正在或曾經走過步道，有些人是嚮往步道旅程但時機未到因此先來當步道天使，但有更多人只是出於對徒步者的支持和鼓勵而選擇付出。徒步旅程中我也曾在各種狀況下受到無數步道天使的照顧，他們不求回報，只是熱切地想聽徒步者分享一路上發生故事，為徒步者加油打氣後，便開心地送大家回步道繼續前進。有幾位步道天使到現在都還和我保持聯絡，若不是因為這些人間天使的存在，徒步者的旅程定然會失色許多。

提到步道天使就不能不提「歐姆蛋人」（Omlette Guy），在進入白山國家森林保護區之前，每日的跋涉和等在前方惡名昭彰的步道狀況，「歐姆蛋人」的存在是每位AT全程徒步者嚮往的荒野綠洲。他曾經在AT新罕布夏州的步道上以防水塑膠布搭起遮蔽，無償為路過的徒步者們提供餐點，長達四年。在我抵達的那個早上，他簡陋的營地裡已經有一位徒步者坐在折疊椅上大快朵頤，一條流著口水的鬥牛犬靠過來前前後後地蹭著我的小腿，「歐姆蛋人」道了早安，問我想要幾顆蛋？（當時最高紀錄是二十四顆）歐姆蛋裡想要加些什麼料？掛在一旁樹幹上的香蕉、用木板拼成的長桌上有自製的杯子蛋糕、巧克力布朗尼、甜甜圈、大瓶裝的果汁，「自己來。」他說。

接過熱騰騰的歐姆蛋，當然我好奇他為什麼要這樣做，「歐姆蛋人」淡淡地說，他從前幾年開始陸陸續續讀了許多關於AT的徒步書籍，但比起徒步，步道天使這個角色對他而言似乎更有趣，去年退休後，不需要再被工作綁架，覺得這是個回饋社會的好機會。更何況，他或許沒辦法去環遊世界，這樣做卻能夠讓世界主動走向他。

的確，大約從佛蒙特中段開始，大家都在期待能早點抵達這裡，傳說中的「歐姆蛋人」，傳說中隨到隨點，客製化且分量任你要求的歐姆蛋，一到夏季，每天早上八點到下午五點，早到的人願意停步等待，晚到的人寧可在附近搭營過夜，不接受任何金錢捐獻或回報，每年大約要招待一千四百人次，直到ATC以占用聯邦土地和非必要性用火為理由，禁止他繼續進行這項對AT全程徒步者而言宛如夏日野外盛宴的活動。縱然歐姆蛋人的步道魔法已成絕響，但就算不能再為大家現場製作熱食餐點，如今他依然熱心參與步道活動，換個方式繼續不定時提供步道魔法。

二〇二一年秋天趁著紅葉季去了趟佛蒙特，投宿的飯店後院有AT穿行而過，當年經過這裡時，飯店還沒營業，前身是占地廣大的穀倉，包括AT穿越的土地，和旁邊廣闊的人工湖。留宿的四天裡，自然走了一小段AT，徒步的感覺沒變，綠色隧道景色依舊，泥濘依舊，再次深刻感知自己對徒步的熱愛。

某天下午，開車繞道諾威奇（Norwich），這是AT上少數幾個步道直接穿行的小鎮，跨過康涅狄格河便是新罕布夏州的漢諾威（Hanover），也是長春藤聯盟的達特茅斯學院（Dartmouth College）所在地。雖然剛開學，卻由於新冠肺炎疫情嚴峻，校園裡往來人行明顯稀少，逛了一圈驅車回頭，回到諾威奇。

到諾威奇，是為了去看看當年收留我們過夜的安德森牧師，大部分AT徒步者在進入佛蒙特後都會收到一份步道天使名單，上面詳列當季提供免費住宿或接送的步道天使清單。佛蒙特大概是AT沿途對全程徒步者最友善的一個州，幾次聽州民抬槓，說他們甚至會互相比拼這一季讓多少徒步者搭便車進城或是收留了幾個徒步者過夜。

那時我便是在安德森牧師的家裡過了一夜。安德森牧師，嗯，她堅持要我們叫她珍妮佛，把她獨居的兩層樓房子分出三個房間給徒步者過夜，至少能收容七、八個人，來客多時，一旁她主持的大教堂也能打地鋪，徒步者都有睡袋睡墊，完全不成問題。入住還提供替換衣物，晚上親自為大家下廚，也歡迎大家貢獻烹飪長才。她不要求捐獻，憑個人隨喜貢獻，但如果徒步者願意幫忙除草或採收花園裡的藍莓黑莓她會非常開心。大多數徒步者都會在那裡待上兩天修整，只待了一晚的我顯然讓她印象深刻，再見面時一眼認出。四年過去她肉眼可見的蒼老了許多，笑著跟我說上個月才剛辦過留宿的AT徒步者照片展，這兩年因為疫情不開放住宿非常可惜，祈禱疫情趕快過去，下一季開始她的大門能再為徒步者而開，也歡迎我隨時過來打招呼。開車離開時，她在教堂前目送我離開，轉上大馬路時，看見她仍在揮手道別。

PCT上步道天使組織間的聯繫相形下更加緊密，幾個重要的步道天使據點負責人都交誼已久，互相熟識。

出發前一天我預約了在知名步道天使「偵察兵和佛羅多」（Scout & Frodo）夫婦家留宿一晚，隔天由此地搭乘免費接駁車前往步道南起點。

抵達時，我不禁訝異於此處的接待規模和各種規畫，每個徒步季的接待工作行之有年，因而形成井然有序的作業流程和規範，代收包裹郵件登記歸位清楚，後院有樹屋和可容納數十人的大帳供徒步者過夜，來協助的義工分工明確且樂於協助，「佛羅多」是律師，也曾擔任PCTA主席，個性開朗而親切幽默，還是我的AT同梯；「偵察兵」性格明快俐落，說話不拖泥帶水，多年經驗讓她總是能一眼掌握現場狀況，精準發號施令，儘管理性決斷，但她的溫柔也同時展現在留意到在場每個人需要的細心上。話說回來若非真心熱愛，誰會這樣年復一年，持續十多載不接受任何捐款和資助，除了留宿外，還包早晚餐，包接送，在每個夏天把自己的豪宅開放跟上千名想從墨西哥走到加拿大的瘋子分享？

位在加州阿瓜杜斯（Agua Dulce）的「徒步者天堂」（Hiker Heaven）也是PCT徒步者必然會停留的據點之一，如同「偵察兵和佛羅多」，主人唐娜在每年徒步季裡把加州沙漠裡的自宅對徒步者敞開大門，廣闊的庭院草地上搭滿帳篷，寬闊的停車場上用大帳篷分別設立了充電站、放空沙發區、上網區，車庫裡是收發登記嚴謹的包裹區，住宅一側有分類規畫明確的「徒步者百寶箱」，任你取用和留下不需要的物資，從鞋子、各種工具裝備到食物應有盡有。門廊前有沙發、桌椅，部分住宅也供作住宿，有衛浴使用，並讓身體不適或有需要的徒步者過夜。由於距離鎮上稍遠，甚至提供定期接駁車，由志工接送徒步者去購物或覓食。唐娜性格溫暖而大方，記性驚人，剛入住領取郵件時志工一度遍尋不著，唐娜問了我名字，最終在另一個區域找到被錯誤歸位的包裹。隔天出發前在鎮上吃早餐，開車送其他徒步者進到小鎮的她在經過我之後，特地回頭大聲叫了我的名字，祝我一路順利，讓我非常訝異，畢竟前一天因為陰雨共有將近百人留宿，人海裡她究竟是怎麼記住我名字的呢？

接近奧勒岡之前，步道一度因野火而封閉，我勉強趕在封閉前越過州界後，便不得不回頭轉向官方替代步道。抵達艾許蘭（Ashland）時已近黃昏，一路在北加乾熱起伏的步徑上揮汗不停趕進度的我真心累壞了，在鎮上安睡一夜，又飽食兩餐後，偶然拿到步道天使珍妮佛的電話，她家距離步道口不遠，但當時人在尤金（Eugene），如果我願意等的話，傍晚她到艾許蘭辦事時就可以順便帶我回家。當然可以，於是那天午後，帶著另一位在圖書館遇到的步道天使送的有機蜂蜜和手工裸麥麵包借花獻佛，我住進了一處貨真價實的世外桃源。兩條狗、一隻貓、兩匹漂亮的馬，足以自給自足的有機果園、美麗的苗圃花園、一座溫室、占地廣闊的樹林和庭院，距離最近的鄰居位在兩公里之外，夜裡外出伸手不見五指。珍妮佛的先生不在家，當時正忙著率領奧勒岡山林救火隊在邊境處理四起的森林野火，兒子正好休假回家，晚上幫我們做了配料滿滿的烤起司辣味香腸玉米片當晚餐。夜裡我和珍妮佛聊了很多，關於近乎隱居的山居日常，關於每逢野火季節就聚少離多卻依舊緊密的婚姻生活，她喜歡我分享的遍路故事，喜歡那些她還沒有機會嘗試的台灣小吃，也想知道PCT和AT有哪些差異。那條叫做阿奇的大狗顯然愛上我了，跟前跟後之餘，只要我一坐下必定要把頭靠在我的膝蓋上流口水，最後珍妮佛不得不把牠趕到另一個房間，以免牠半夜跳上床干擾我的睡眠。

隔天一早她開車送我回到步道口，約好保持聯繫，我要寄些花蓮舞鶴的蜜香紅茶給喜歡喝茶的她，為了免於十八相送，便原地各自解散，繼續我一路向北的旅程。

那些一路走來，在徒步過程中得到過來自陌生人的善意和溫情太多，無法一一盡數。對步道的愛有許多種形式，親自踏上步道是，自願擔任養護義工也是，不論是「接待」或步道天使對遍路者、朝聖者和徒步者的無私照顧，更是如此。

上路前的心理準備

對於認真考慮長距離徒步，尤其是打算全程通走的朋友而言，絕大多數在成行前應該都經歷過相當的自我心理建設吧？當然可能也有那種率性說走就走的強者，但僅就絕大多數和我一樣平凡的路人而言，持續數十天、甚至數月每天長時間在戶外背負著行李，風吹日曬雨淋的走上幾十公里，並不是件輕易就能下定決心去從事的活動。

體能固然是大多數人會最先想到的要件，但現實生活裡的責任義務也仍然存在，最起碼工作、家庭都需要事先做好妥適的計畫。房租、房貸、水電、瓦斯等，不會因為我們的徒步長假而暫停，除非離職否則工作交接安排也必須詳細交代，而步道上的開銷儘管是豐儉由人，疊加下來其實也相當可觀，此時家人的支持與配合相對非常重要。

然而就算事先已盡力做好自己認為最周全的準備，上路後還是可能有種種出乎預料的狀況發生，身處千萬里外，很多事無法馬上回應，或因為人生地不熟而無法馬上取得熟悉的支援或資源，因此請務必事先調查好各種海外急難救助方式、約定好緊急聯絡人、並把個人的緊急聯絡資訊以中英及當地語言寫下，面對狀況發生時該如何隨機應變的能力相當重要。

除此之外，受到各種狀況影響，走在路上自己的心情和狀態也無法預期，避免不了的疲累痠痛，有時是冷或熱和餓，有時因為風雨狼狽不堪，有時會因為終點彷彿遙遙無期而焦慮沮喪，有時是傷病的挫折，有時是錯估自身體能和步道難度而對自己的愚蠢氣惱，有時是整天操練之後來到最後一面幾乎垂直陡上需要手腳並用的山壁那種荒謬傻眼，有時甚至就只是莫名其妙地提不起勁，這些相信很多徒步者都經歷過。

身為很傻很天真的徒步者，一旦下定決心想做一件事就會一頭栽進去，即使整天擔心依著自己的龜速恐怕無法完成旅程，也還是一邊發抖一邊繼續往前走。「老娘不玩了！」這種念頭不是沒出現過，但就是偶發的情緒性反應，掉一掉淚，跟自己發發脾氣就過去了。

認真說起來，我在四國遍路上最大的挫折來自於水泡，徒步菜鳥成天擔心著像是絲毫未曾稍減的里程，一直勉強自己往前不敢放鬆，腳底那個水泡，因為休息不足和連日操持而反覆長了又長，最後疊加成四層，直到某天在高知民宿脫下襪子時，看到已經發黑的右腳小趾頭，差點嚇壞自己，到藥局諮詢藥師買了藥，開始連續幾天嘗試減少步行距離（是的，依然沒休息繼續走，姊姊的血淚，大家千萬不要學），慢慢適應直到水泡痊癒後，才又開始全力暴衝。水泡從國道五十五號公路途中一路跟著我一直到愛媛松山市的石手寺過後為止，每走一步都是痛楚，風雨中從大洲往第四十五番岩屋寺那天，還遇上遍路道因颱風坍塌封閉，風雨中的四十五公里，到最後已經是一種意氣用事的不服輸了。現在想想，還真是傻到有找，然而也是這點意氣支撐著我走到終點，只能自我解嘲，或許傻也不全然是壞事吧？

▲▲▲　▲▲▲

聖雅各朝聖道上水泡一樣糾纏我很久，但曾經更困擾我的是人際互動，為了遷就住宿，即使路上大可獨走，找地方過夜時難免會遇到常常照面的朝聖者。儘管我不排斥和人互動聊天，「北方之路」、「原始之路」、甚至走到非尼斯特拉（Fisterra）和穆西亞（Muxia）途中我都遇到來自四面八方非常棒的夥伴，許多充滿智慧的對談令我至今受益良多。但徒步對我來說更是能夠盡情與自己獨處，非常珍貴時間啊。

只不過人一多，事情就經常會往奇怪的方向發展，本該是反思靜修的朝聖道上也躲不過飲食男女。走在「北方之路」的某個中午，一起在小酒館吃完午餐後，我選擇了跟那陣子常共餐過夜的小團體不一樣的爬坡山路，捨棄和他們一起沿著海灘前進的浪漫路線，並且油門催到底，多走八公里到比原定落腳地點更遠的私人庇護所，才終於擺脫了我再也受不了的漫天粉紅泡泡，和妒忌癡纏的愛情肥皂劇。豈知朝聖道上愛情是無所不在，且和年紀毫無相涉的，於是一個接著一個，我不斷冷眼跟別人的戀愛腦和桃花眼擦肩，到最後從不耐變成無奈，覺得是我自己修行不夠，才會連旁觀都覺得深受干擾，最終也只能一笑置之了。

情感這種變因，當然不會只停留在聖雅各朝聖道，相較下當年四國遍路上大概高齡遍路者比例高，還是清靜單純些。PCT上互相扶持且親密的墨西哥情侶最後不歡而散，直接在步道分手，女孩在正式進入內華達雪山山脈沒多久後便放棄旅程飛回墨西哥市，男孩則從此音訊杳然。而一位早我幾天從墨西哥邊境出發的漂亮女生，雖然相遇沒多久便很快拉開距離，但從社群媒體的照片和共同認識的人轉述，從出發到最後走到終點時，總共換過四位男伴，每次不歡而散都讓她傷心不已。

感情本是他人事，旁觀者也沒資格加以評論，只不過後來若有人問我能給徒步者什麼建議，我都會強調，由於徒步對體能有相當的挑戰，也因此會讓感情極度飽滿而深刻，很多感受和情緒在徒步期間都莫名放大，也容易對一起經歷徒步過程的同伴產生情感上的吊橋效應，如果能夠的話，請先退後一步，給自己一點時間去觀察和感受，確認那究竟是一時衝動，或者是踏破鐵鞋的真愛後，再決定下一步或許也不遲。

徒步道上分分合合的故事太多，但當然，還是有美好結局，我AT的好夥伴「緬因人」（Mainer）與他在賓州認識的女孩直到現在還在一起；嬌小可愛的「伐木工」（Lumberjack）與「蘇格拉底」（Socrates）交往三年後訂婚一起搬到科羅拉多，在隔年九月結婚了；而在奧勒岡州接近艾許蘭方向途中遇到一對逆向而來的夫妻，就是七年多前在步道上相遇並一起走到終點，回到現實後覺得既然看過彼此最狼狽也最努力的樣子也還能忍受的話，那麼大概也能互相扶持著走過人生路吧？那天正是他們結婚五週年紀念日。

▲▲▲　▲▲▲

AT遇到的挑戰相對簡單粗暴些，就是體能，身為野外菜雞兼弱肌城市鄉巴佬，AT沿途每天面對高低起伏的落差，大煙山國家公園變換莫測的天候，自賓州北部開始巨石遍布的山徑，麻州夏天的蚊子大軍，佛蒙特州的無所不在的泥濘，新罕布夏州的傳說中難走的白山國家森林保護區，還有毫無章法集合了巨石、泥沼、樹根、蚊蟲的刁鑽緬因山徑。因為只能跟著白色火焰走，無論是什麼地形遇到也就只能直接上了，所以攀岩、溯溪、泥潭都體驗過，回到家時體重變動不大，但體脂直接掉到剩下十五，好友「靶心大哥」，從喬治亞走到緬因總共掉了三十五公斤，他的例子是比較極端點，但根據統計，男性全程徒步者走到終點時平均會減去約十三公斤的體重，也是很驚人的數字。

PCT步道本身相對於AT其實平易近人得多，也沒有遇過需要手腳並用攀爬的狀況，當然沙漠的乾熱欲焚、內華達雪山山脈的積雪和高海拔引發的輕微高原反應、北加州惱人的落差起伏、像是無窮無盡的山林野火、華盛頓州的雨，多多少少在徒步的當下都會影響心情，不過都在能夠接受的合理範圍內。PCT雖不是我的第一條野外長距離步道，可是在這條步道上卻有更多跳出框架自我伸展的機會，像是牛仔式野營、獨自搭營過夜、連日在雪地裡獨行、睡在州際公路陸橋下等，許多事情一旦嘗試之後，會發現其實也沒那麼大不了，如果不曾踏出第一步的話，或許就不會有機會知道原來還可以有這麼多有趣的體驗。

儘管出生在平凡的家庭，但從小一直生活在父母的保護之下，也順理成章的接受許多台灣社會的價值觀和框架約束，從前的我便理所當然地接受了大多數人追求的人生方向和評價標準，像是好好讀書是為了以後可以找到好工作，像是人生就該以成功為目標，而高收入和漂亮的頭銜就是成功最直接明確的指標等。開始徒步這幾年，隨著距離的累積，與更多人相遇，看過種種風景，經歷無數深刻的自我對話迴圈後，我漸漸拋下許多過往的執著和自我設限，也更明白什麼才是對自己真正有意義的人事物。負重行走時經歷的一切讓我對於物質和感恩有了更深刻的思索，在選擇和取捨時更能理性地快意決斷，最重要的是，我逐漸接納了自身的不完美，願意對自己多一點耐性和寬容。轉變有時如滴水穿石，有時則貌似來得很快（實際上可能是累積已久的結果），這些改變無法用對錯好壞來評價，只能說是萬里之行後找到對當下的自己最舒適的狀態，而能確定的是，改變還會一直持續下去，因為那些走過的步徑和張望過的風景永遠，永遠都不會真正從徒步者的生命中消失，最多只是淡出，成為堅實而恆常的遠景。

關於那些民生大事

免不了經常被問到目前走過的四條步道有什麼差別？裝備、住宿和準備時需要注意些什麼？認真說來每個人的需求不同，僅能就自己的有限經驗大致分享。

長距離徒步是一項經常被低估的體能活動，畢竟像馬拉松、三鐵、自行車騎行等需要長期大量訓練的運動，徒步？換句話說不就是走路而已。

是也不是，走路的確是徒步的主要動作，但上路後還要加上行囊背負、長時間持續步行、和適應地形氣候變化調整等變因，對體能的消耗與挑戰其實比大多數人以為的還要更高得多。

行前體能準備的部分，各種運動不論是跑步、快走、騎行、游泳、阻力訓練、甚至三鐵等，對提升體力和心肺功能絕對都有幫助，但對徒步而言則未必有那麼明顯的效果。這是因為從事各種運動時需要動用到的肌肉不同，而徒步的腳力真的就只有實地上路才能練就。

以四國遍路和聖雅各朝聖道而言，兩者路線都涵蓋許多一般道路公路，通常會建議先找條可以從家門出發的路線，並可嘗試負重行走，以城市散步的形式先實地體驗徒步的感覺。至於AT和PCT由於全程都在野外，因此可以利用台灣豐富的山林系統優勢，按照自身的經驗和能力挑選不同登山步道來練習。無論是哪一種路線，練習的頻率都能增加經驗和體能，也能透過這些練習過程來找出最適合自己的背負系統和鞋子。

然而也必需很誠實地說，除非是非常密集的練習，否則在正式徒步初期仍是免不了要經歷辛苦的過程，徒步者都很嚮往能有雙「步道腿」，只不過步道腿得之不易，往往出發後連續走上數週甚至一個月以上才能練就出來，並持續增強，總而言之，走就對了。

▲▲▲　▲▲▲

另外在行李準備的部分，以負重不超過體重的十分之一為標準，應該是對徒步有興趣的朋友們普遍都具備的常識。除了背包之外，鞋子非但是非常關鍵的裝備，也是最值得花時間去試穿、試走的投資；步道上登山鞋、健走鞋、野跑鞋各有擁護者，但請謹記，穿在腳上的鞋每多半公斤重量，就相當於增加三公斤左右的負重，因此選擇一雙合適自己腳型和目標步道狀況的鞋子相當重要。

四條步道上，除了背包、鞋襪、替換和防寒衣物、雨具和個人用品等基本裝備外，也各有不同需要攜帶的物品。

遍路行程繞行四國島到八十八所寺參拜納經，遍路者有特殊裝束，這些裝備物品如金剛杖、菅笠、白衣、袈裟輪、納經帳、頭陀袋、佛珠、線香等可以在第一番靈山寺購齊。聖雅各朝聖道由於常需投宿公立天主教庇護所或青旅，入住時使用自己的睡袋是基本要求。至於野外徒步道，則想當然爾必需準備帳篷、睡袋、睡墊、煮食用的輕便爐頭、餐具、行動電源等裝備，另外還需要準備水袋、濾水工具、食物專用袋、和將食物袋吊掛到樹上以防被美洲黑熊和老鼠等動物搶走或偷吃的繩索扣環等道具。

徒步時每日步行距離長，體力消耗通常也極為可觀，熱量補充不容輕忽。許多人在徒步初會短暫失去食慾，但隨著時間和距離推進，一段時間後往往會產生所謂的「徒步者飢餓」（hiker hunger）現象，胃像是變成無底洞，怎樣都吃不飽，而且還因為大量運動而吃不胖。以一位二十五歲男性，單日負重徒步八小時為例，AT或PCT徒步者在徒步行程中，為維持了現有體重，每天需要攝取的總熱量大約是五千五百大卡。換句話說，就算一整天吃下七個熱量七百大卡的排骨便當，也跟不上熱量消耗的速度；女性則大約需要攝取四千到四千五百大卡，相當驚人。所以我們每次進城補給時簡直都把自己當豬在餵食，畢竟步道上的飲食一言難盡，為了體力著想塞飽塞滿是第一要務。

四國遍路沿途大部分路段雖然都能找到便利商店、雜貨鋪商店、食堂餐廳等補充熱量的地方，飲料自動販賣機也不少，但有些比較偏遠的區域經常補給點距離較遠，或是過往遍路者倚賴的商店或餐廳臨時休業甚至已停業，所以建議還是要隨身攜帶一些應急食糧。同樣的，聖雅各朝聖道上的狀況大致相同，沿途常有商店、地方小酒吧、餐廳、咖啡廳可以覓食，但也有飲食不便的路段，因此準備些方便補充熱量的堅果、巧克力、能量棒、餅乾、肉乾等都是白日徒步時不錯的備用食物。

至於野外步道當然只能全程自行背負三餐食糧，為求輕便，通常會選擇各種口味的脫水餐包、泡麵、穀物棒、肉乾、堅果、果乾、巧克力、餅乾等便於攜帶的食物，簡單來說就是哪種熱量高選哪種，只不過這些東西吃久了真心令人厭煩，走完AT回家之後，至今五年，我幾乎沒有碰過任何一條巧克力棒，因為光是在步道上看別人吃我都看飽了（寫到這段自己忍不住抖了一下又笑出來）。

▲▲▲　▲▲▲

再說到住宿，四國遍路接近各寺附近多少都有民宿可以投宿，一些位置比較偏僻的民宿的經營者甚至往往為了提供遍路者服務才一直堅持經營著，然而隨著歲月流逝，民宿食堂經營者高齡化的狀況在遍路上越來越嚴重，有些到最後也不得不歇業了。加上這兩年多來因為新冠疫情影響，歇業的民宿食堂不在少數，若近期內有徒步四國遍路計畫，請務必先調查好沿途住宿情報。除了民宿，沿途也有不少商務飯店，偶而甚至有溫泉飯店，或寺附設的宿坊或通夜堂可以投宿。此外還有當地善心人士專為遍路者提供費用便宜或甚至免費的善根宿，雖說各處設備不一，但徒步中得能一片遮雨蔽日的安全處所休憩過夜，真的要心懷感恩。近年來聽說選擇野宿或露營的外國人越來越多，原則上擅自在公共區域如公園或各處空地、涼亭搭帳露營是被禁止的，如果可能，希望大家還是盡量避免為了一己之便任意搭營而造成當地居民的困擾。當然若經過允許者，則不在此限。

而從第二十三番藥王寺往第二十四番最御崎寺途中要沿著國道五十五號公路走上將近七十二公里，沿途的住宿點僅在彼此距離二、三十公里的小聚落裡，有些區段裡大概僅有提供衝浪者過夜，類似簡易青旅的處所。尤其要注意的是，即便有民宿可選擇，也要記得提早電話預約，不通日文者可以請前一晚住宿處的主人或櫃檯人員幫忙打電話，以避免未預約而因住宿客滿而陷入無法投宿的窘境。

聖雅各朝聖道沿途在夏季時幾乎都有類似青旅的公立天主教庇護所開放營業，可以用非常低廉的價格入住，原則上採先到先得的方式，因此許多人會盡量早點抵達以確保床位。此外也有私人庇護所、廉價的養老酒店、途經大城市中也會有青旅或飯店，住宿選擇頗多，要再次強調的是因使用人數眾多，基於衛生考量，公立天主教庇護所要求入住時必需自備睡袋。再者投宿庇護所時請留意分配到的床位，將隨身物品放上去時，請先仔細檢查床墊，否則如遇上床蝨，結果可是會很慘烈的。

至於野外步道如ＡＴ、ＰＣＴ，徒步時當然只能裹著睡袋睡在自己的帳篷、吊床裡，由於每個人的體溫、適應力和對舒適度的追求不同，睡眠系統（睡袋及睡墊）也建議實地使用和測試過後比較能客觀做出選擇。而途中不可免的必然要進入各城鎮進行補給，一般來說鎮上都會有連鎖旅館、汽車旅館或Ｂ＆Ｂ可選擇，偶而還會有善心的步道天使開放自家給徒步者過夜；當然也有些人會為了節省預算，選擇進城補給順便洗漱、用餐後便回步道口搭營，總之辦法是人想出來的。

▲▲▲　▲▲▲

步行期間，另一件很多人應該會關心的事情應該是如廁問題。在四國遍路和聖雅各朝聖道上這問題相對不大，畢竟在超商、加油站、咖啡廳、地方小酒吧、公廁、甚至教堂等場所都能借用洗手間。在ＡＴ原則上山屋旁都設有簡易廁所，但在遠離山屋的路段和ＰＣＴ上則只能選擇在隱蔽處自然解放。基於無痕山林的原則，如廁時必需遠離水源地和營地，先以小鏟子挖出約十五到二十公分深的貓洞後再辦大事，完事後掩埋前，先利用樹枝將部分土壤與排遺混合後再進行掩埋，並盡量恢復原狀，使用後的衛生紙不能一起掩埋，需自行帶走。

除了排遺掩埋外，所有自己帶上來的垃圾物品也要打包帶走，再者除去營地裡本來就有的營火圈，自行搭建營火圈生火是違法行為；若需要使用營火烤火煮食，使用後也務必將餘燼徹底熄滅，我就曾兩度撲滅其他假日徒步者留下未完全澆熄的悶燒營火，若非即時排除，後果恐不堪設想。PCT沿途每年都有不計其數的山林大火，有些就是因為未確保熄滅營火而引發的災害，除了面積廣大的自然林地外也有許多動物生物葬身其間，造成的損害難以估計，人類本是山林過客，享受大自然的美好之餘，也請共同愛護野外的一切，除了對美景的記憶外什麼都不帶走，除了足跡之外什麼都不留下，畢竟美麗的山林資源需要所有使用者一起用心維持才能夠長長久久。

偽流浪者之歌

你的腳就是最好的朋友，
你可以透過雙腳認識自己。

——厄凌・卡格（Erling Kagge）

抵達ＰＣＴ終點那天，「老謝二號」大老遠開了車到曼寧公園接我進溫哥華，上車前，停在一旁的老夫婦問我是不是從墨西哥一路走過來的？太太一臉不可置信的表示，她無法想像連續數日不能洗澡更衣的日子，所以她這輩子都沒辦法去走荒野步道。我笑了，我也是啊，甚至現在都還覺得不可思議，然而當渴望大於一切時，生命會為自己找到方法的。

純然的事後諸葛，每一條步道對我來說都來得剛剛好，四國遍路道上的各種邂逅讓我體會到萬事俱足才能成就的因緣；在聖雅各朝聖道上長長的反思後，終於我願意放過被國中時代霸凌記憶糾纏不已的自己；ＡＴ是野外菜雞體能和心智不曾有過的砥礪，在岩壁泥濘中我誠心對山林謙卑低頭；而PCT的挑戰更偏向心靈層面，更多完全獨處的時間，更多思索和自問自答。回到現實之後，似乎更能直視那些社會化的遮掩和矯飾，擁抱屬於自己的真實。

大約是往第十二番燒山寺的遍路道上開始，遇到令腳步踉蹌躓踣的石頭樹根時，我都會回過頭去鞠躬感謝，感謝它們提醒我要留意腳步。在AT經常需要在陡坡或巨石上攀爬，偶而在濕滑的路段或落差較大的地方上下則需要扶著一旁的樹幹維持平衡，我也總會一邊動作，一邊對著這些樹木岩石表達感恩之意；每次不論是進到一處營地，或找到一塊可以安坐下來用餐休息的巨石或倒木樹幹，我總習慣要先對著那個處所報告自己的抵達和離開，早上拔營離開前也會對著營地低頭行禮以表達謝意，感謝它收留我不受侵擾，平安過夜；此外我還喜歡沿途用手掌輕觸樹幹，在休憩時觀察各種野菇、蛛網、苔蘚、野花、蟲蟻和不同樹幹的紋理。我是個經常在山林裡自言自語的怪咖，面對美洲黑熊和土撥鼠如此，面對馬鹿（elk）和水獺時如此，面對石楠花叢和紅杉神木群時如此，面對即將攀爬的岩壁和指路的石堆路標時也是如此，想想，若有人無意間看到我在步道上的這些舉動，大概會覺得這人是不是有什麼毛病吧？而我只是覺得，無論是停駐的營地、腳下的路徑、潤澤的水源、支撐著我攀上爬下的林木石頭，步道上的一切遭逢都不是出於偶然。德語中有個難以傳譯的單詞「waldeinsamkeit」，意指孤身在山林間安適獨處並與大自然深深連結的感受，便是我在野外步道上經常體驗到的狀態，故而真誠且著意地面對這些從前不知其存在，未來或者不會再來的處所和景色，並珍而重之地將其收藏到心中。

徒步時同樣是一個背包走通關，但在四國遍路時有民宿或商務飯店，在聖雅各朝聖道時有天主教庇護所或廉價飯店，每天有熱食和床鋪，有熱水洗澡洗衣，除了曬到連自己照鏡子都快認不出來的烏漆墨黑之外，總覺得還勉強能維持住基本的儀表。在AT和PCT這種完全荒野裡，家當食糧都在背上，活動範圍看似無限寬廣但終究不離步徑，席地而坐露天飲食，睡在帳篷裡，洗澡是別想了，就連簡易廁所都得看緣分，加上風吹日曬雨淋的，能盡量維持個人樣就很了不起了。

說是身在荒野，手機還經常沒有網路訊號，然而走到麻省時我因為中途必須體檢而不得不暫時離開步道回家一趟，那天一大早從偏僻的山林步道口出來後，憑直覺走往最近的一戶民宅，說明來意後，男主人卡爾爽快地答應順路載我一程，不過他要先順路載小兒子去足球夏令營，然後再帶我到康州他公司附近搭彼得潘巴士回紐約。在車上當然不免要聊一聊野外徒步的經歷，他們才剛搬進新家，部分裝潢工作還在進行中，他老家住在緬因，從年少時代開始家族便有登卡塔丁山的傳統，已經上去過十多次了。在位於一處岔道附近的足球夏令營放小男孩下車後，車子繼續向前行駛，幾百公尺後，卡爾指著一處狹窄小徑說，「我想妳早上一定剛經過這裡。」

定睛一看便瞧見白色火焰，繞了一大圈，我居然又回到兩個多小時前才經過的步道口？

卡爾說，「妳一定以為自己是身在遠離人跡的野外，但想不到五百公尺外就有三十幾個吵死人的小鬼正在參加足球夏令營吧？」我忍不住大笑出來。原來AT並沒有想象中那樣邊荒啊。

回家一趟的往復耽擱，我便落後了步道家族一大段距離，縱使一路卯足全力衝刺，然而越是向北人行越少，遇見的也大多都不是相熟的面孔。不過步道上的人際互動是相對容易的，畢竟都走在同一條路上，即使逆向也總能找到共同話題。幸運的是在抵達蒙森（Monson）之前那幾日，都能跟早我一天從史賓格山出發的丹早晚照面，我們當時都住在大華府地區，初識在田納西州大煙山國家公園那個淒風苦雨的寒冷春日，人滿為患的山屋裡淋成落湯雞的我，在他和「Snapchat」掩護下換掉濕透的衣物，直到離開強尼大叔青旅那日別過，再到進入緬因重新相遇那天，中間有兩千多公里不曾相見；而再見時，身邊常見的夥伴大多都已離開步道，我們又都回到最初獨自一人的狀態，即使他的褲管破了個大洞，我的羊毛上衣也坑坑巴巴，但能看見老朋友真是太好了。於是每天在山屋集合一起吃過早餐後各自上路，晚上又在營地的山屋旁煮飯聊天，吃完晚餐後再各自解散回帳篷裡安眠。那段趕路的日子裡因為知道他就在相距不遠的步道上相陪，隨時有美洲黑熊和駝鹿出沒的山林裡我感到心神安頓，得以一路順利進入蒙森小鎮與在此整備的徒步家族重新會合。

美國野外步道上有種說法叫做「廢渣徒步客」，穿得破爛邋遢，不修邊幅又汗臭淋漓的徒步者經常以此自稱，或是互相打趣以示親暱。而我以為，破衣爛鞋那便是徒步的極致了，即便如此，我也從不覺得自己跟這個字眼搭得上邊，我總是乾乾淨淨、不臭不亂，連指甲都修剪得整整齊齊，「廢渣徒步客」？那跟我才半點關係都沒有勒！

直到那日，在PCT的沙漠高溫午後。

前一晚狂風如潮，在沒有水源的營地過夜後，我不到五點便動身，想趁著晨涼多少趕點路。一開始的山路沒有太多狀況，很快地超越了早我約半小時出發的三位從加泰隆尼亞來的年輕人和更早出發的凱莎。八點左右停下來喝水吃東西時，凱莎從後面驚恐飛奔而來。剛剛她停下來想挖貓洞辦事時，背包不偏不倚放在一條響尾蛇盤據的大石頭上，一觸即發的響尾聲嚇得她操起背包就逃，直到看見了我才如釋重負。

休息完，陪著嚇壞了的她走了一小段，確定她心情平復無礙後，再度開始加速。從高度表來看，今天的山路應該是一路自七千五百英呎到一千八百英呎急降的陡坡，不過山路才不會乖乖地照著數字走。小小起伏變化無傷大雅，只是蜿蜒輾轉順山而行的山徑彷彿沒有盡頭。

跨過兩百英里標記時，常常照面的拉許提醒我兩百零二英里處有個大黃蜂窩，記得快快通過，前天有個倒楣的男生被叮了十八個大包，最後緊急送醫了。挖出防蟲帽套戴上，好整以暇地走過去，那群嗡嗡作響的傢伙大約糾纏了快一百公尺以上才悻悻然離去。

近十二點四十分左右來至兩百零五英里的飲水處，沙加緬度來的史提夫說我們等會兒該從I-一〇陸橋攔車進城去吃個In-N-Out漢堡，這一聽精神都來了，顧不得烈日當空，抓起背包就走，但這四英哩的沙路實在難走極了，沒有明確路徑，加上背包的重量，腳步更難在鬆散的沙礫上施力，幾番掙扎，終於還是到了。

這I-一〇陸橋是個意外驚喜，空間寬闊的橋下涼蔭已經躺了十幾名先一步抵達的徒步者，更棒的是這裡有常駐的步道魔法，除了補水站外，兩個大冰桶裡冰水、汽水、啤酒、甚至水果都有，一旁幾個「徒步者百寶箱」裡泡麵、餅乾、糖果、簡易藥品也裝得滿滿當當。

選了個空曠的位置，鋪上地布，以背包為枕躺下，涼蔭下我感到無比輕鬆安心。

這念頭一出霎時如警鐘響起，明明我渾身髒臭到一個境界、灰頭土臉、還帶著全部家當躺在州際公路交叉口車行繁忙的陸橋下，為什麼卻感到如此篤定安適？這完全不對勁啊！

愛乾淨又注意衛生，連坐在倒木或石頭上都要先放上泡綿椅墊的我，跟那群邋遢不修邊幅的男男女女顯然不太一樣，再如何荒涼的野外環境下我也會想盡辦法把自己收拾得當，因此我一直是公認最乾淨又不臭的徒步者。然而在沙漠連日的灼人高溫和無孔不入的風沙夾擊下，此時此刻躺在偶然途經的州際高速公路陸橋下，我第一次意識到自己果然已經進化成一名貨真價實的「廢渣徒步客」事實了。只因為一方能躺下的平地，一片能蔽日的涼蔭就滿足開心，我無法解釋自己身上到底發生了什麼事情，震驚之餘，很快地我便接受了這個對自己新的認知，就像一切都是水到渠成，再理所當然不過了一般。

更奇幻的是後來我們真的攔車去吃了 In-N-Out 漢堡，在車程距離僅僅十分鐘不到的沙漠裡，超商規模卻如此宏大，附設的客用廁所乾淨到閃閃發亮，入口處甚至鋪上厚地毯，對比剛剛覺得像是天堂的I-一〇陸橋下那種荒涼，我無法不感到戲劇性的對比荒謬。出生成長又一直生活在各個大城市的我，回過頭才發現文明社會裡有許多過去司空見慣，在歷經荒野生活的洗禮後，才覺得難以理解的事物。那個我習以為常的世界裡，充滿過度的粉飾、自我誇耀和迫不及待的張揚，而今定心一看，竟是如此虛浮蒼白而近似喜劇了。

後來在北加攔便車進鎮補給，那位熱心的女士強烈建議要載我繞到稍遠但規模較大的鎮上，正好趕上了夏季音樂節呢！

豈知抵達得晚，就因為夏季音樂節，旅館飯店全滿，餐廳也幾乎都快打烊了，勉強找到一間營業到深夜的酒吧覓食，聊天中吧台大姐建議我到河邊的演唱會場地去搭營，而剛剛讓我搭便車的女士因為放心不下打電話給我，說她已經聯絡了教會的長老，讓我到附近的教堂去過夜，這是個安全的小鎮，她一再向我保證。幾經周折聯絡，教會長老同意我到教會過夜，然則時間太晚，沒有人能過來幫我開門，所以只能在教堂外野營，他又語帶赧然地建議我不要在草地上搭帳，因為修剪整齊的豐美草皮每天早上五點會定時灑水，把帳篷給淋濕那就對我不好意思了。

若非經此一遭，我也不會知道面對非常狀況時人可以如此應變屈伸。跟溫暖舒適的家之間一東一西隔著整個美國的加州邊荒小鎮，時過午夜，在陌生教堂的門廊下，靠著牆邊鋪上地布，放好充氣睡墊，再取出睡袋，沒有選擇的選擇，懷抱著對素未謀面的陌生人善意的感激，和半露宿在文明世界的惶惶不安中輾轉反側，儘管周遭就是沉睡中的民家住宅，安靜的小鎮深夜仍偶而有車行經過，一片靜謐中的刺眼車燈總令我不由得神經緊繃。不安中用簡訊和台灣的好友說了眼下的狀況，地球另一頭的她也為我擔憂不已。走了一整天明明很累，卻遲遲無法放鬆休息，接近天將亮前才在難以抵抗的倦意中沉沉睡去。時至今日回想依然覺得整件事很超現實，當然距離真正的街友經歷還有五千六百八十九億萬光年那麼遠，但那種在不安裡只為了求得一處暫歇的掙扎心情難以忘卻。青年旅館算什麼？膠囊旅館算什麼？網咖又算什麼？這輩子我想都沒想過有一天會需要躺在離家幾千公里外的陌生小鎮教堂門廊前過夜啊！

這大概是我目前為止身為「廢渣徒步客」的生涯最高潮了，步道上無論再如何將就，畢竟都是在人煙杳然的荒野中，天高地闊反而瀟灑自在；而即便人口稀少，這個治安良好的富裕小鎮終究還是文明聚落，夜間在此露宿卻讓我緊張戒備如斯。但如若不是徒步，如若不是這一路累積過來的旅程，或許我永遠沒有機會經歷這樣的體驗，永遠都不會知道自己也擁有成為「廢渣徒步客」的潛能，為此，我竟深深感到慶幸。

徒步後藍調

忍不住開心地指著遠方，告訴兩位夥伴：「俺曾經走過那裡！」沒想到他們兩人竟然不以為意，神情相當淡定。

——久住昌之

四國遍路結束那天，由於正好遇上颱風登陸，又為了配合返程巴士和上高野山的電車時間，一起在第八十八番大窪寺結願又回到第一番靈山寺滿願的山下奶奶和我選擇回德島市區住宿，回到德島市後，我們一起登上眉山遠眺，還在路上撿到一個剛從第十七番井戶寺回到德島市區的年輕遍路者，便一起去商店街請他吃午餐當作「接待」。

隔天一早從德島車站前搭上巴士，剛從沉睡中醒來的市區完全看不出前一晚才被強颱挾帶狂風暴雨肆虐過的痕跡，車子平穩地行駛過大鳴門橋，經過淡路島，明石海峽，順著E

二八公路往大阪方向進發。脫離遍路道的第一天，注視著車窗外倒退的尋常風景，徒步的疲憊感仍然如影隨形，而心顯然還留在遍路道尚未跟上。車過舞子，正式進入本州。山下奶奶是很可愛的旅伴，七十六歲的她身形清瘦，姿態挺拔，每日晨起後總要將自己收拾得當，粉底口紅各就各位的典型日本女子。這位開朗親切的長者，在順利完成第三次化療後，決定餘下的人生都要浪費在真正喜愛的事物上，四國遍路是人生清單上的第一項，考慮到體力跟時間，分成兩次進行。因為經歷過戰爭和各種人生起落，笑顏中依稀還帶著點少女嬌俏的她豁達而溫暖，身為資深書道教師和人生大前輩，卻心態開放充滿好奇心，她內省直觀，親切又通情達理的柔軟姿態會讓人覺得老去也可以是一件很優雅美好的事情。

抵達難波車站，久違紛至沓來的人行如潮洶湧，讓我一時難以承受，想立刻轉頭搭車回去那座才剛離開的島嶼，回到那條安靜的步徑，彷彿過去三十七日來慢慢沉澱在心底的思緒情感被掀翻，瞬間飄蕩混濁。

在此我們搭上南海電車，然後我先到九度山下車，在民宿過一夜後再徒步至高野山，便跟山下奶奶約好隔天在高野山上再見。車行途中偶發人身事故，整列將近滿員的乘客被迫留在車廂中整整一個小時，無可選擇的耐心中困坐其間等候狀況排除。沉默的人群裡，我卻覺得快被喧囂給淹沒，車裡車外每張臉孔寂然無聲，偏又寫滿隱隱的躁動，默默將視線轉向遠處的青山，山下奶奶輕聲說，這時候能夠有人一起搭車真是太好了。過了很久很久之後才意會到，那或許是我距離「徒步後憂鬱症」（Post Trail Depression，簡稱ＰＴＤ）最接近的片刻。

我是幸運的，早在知道所謂的ＰＴＤ之前，在還是徒步菜菜雞階級時便不知不覺之間避開，也摸索出自己面對徒步結束的心情轉換方式。然而有許多步道上認識的朋友們儘管程度不一，都曾深受其擾。

ＰＴＤ並非罕見的狀況，就如同許多參加馬拉松、三鐵賽、長途旅行、任何規模龐大計畫或活動的選手或工作人員，在完賽、走完計畫、辦完活動後，可能都會經歷心情上突然空白或虛無的瞬間。結束徒步旅程回到日常後，重新適應生活的過程中逐漸累積的深層憂慮和倦怠無力，很多人會在被人群和車行包圍中感到煩躁，就如同對社會活動的整體噪音產生過敏反應般，還有常見的無所適從和失落感。

既然叫做徒步後憂鬱症，表現上經常有出現對未來感到茫然、經常陷入沉思、心情上一蹶不振、適應不良、嚴重的心情萎靡或無法解釋的身心不適，甚至不想或抗拒出門的狀況。此外，徒步過程中的確會讓人免不了思考物質對生命的意義，不過回到現實生活後如果開始不由分說的丟棄或賣掉家具用品或個人物品，或是驟然開始人際斷捨離，其實也可能都是ＰＴＤ的重要徵兆。

隨著徒步活動流行，ＰＴＤ也漸漸為徒步者所熟知，在談論徒步美好的同時，我覺得徒步後的心情管理也是非常重要的事情。

ＰＴＤ的形成分成幾個層面，絕大多數人在回歸現實時首先要面臨到的便是社會責任和財務問題。比起步道上每天只需要考慮行進距離、飲食和尋得一方平整地面得以安睡的單純生活，現實生活裡需要考慮和處理的問題以及責任義務當然複雜得多。在剛經歷長時間純粹美好的徒步生活後，立刻要面對諸如家庭、工作等各個面向龐大而繁瑣的狀況當然容易使人感到心力交瘁。

就身體方面而言，徒步時每日活動量龐大，能量消耗也非常驚人，因為大量運動產生的腦內啡和因為距離累積而生的成就感令人心情愉悅，而徒步過程中提升的體能和體態變化也會令人更加自信。然而適合徒步的季節畢竟有限，類似像ＡＴ、ＰＣＴ這樣長距離的步道更往往要趕在北方秋末雪季開始前結束，一旦冬季來臨，戶外活動銳減，體能消耗的機會也相對大幅受限。

此外徒步者經常開玩笑說徒步時最棒的就是不管吃什麼都不會胖，畢竟那段時間裡再怎樣恣意飲食都幾乎趕不上消耗，簡直跟魔法一樣，只是這樣的徒步紅利就像灰姑娘的南瓜馬車，在回到現實後也跟著消失殆盡。卡路里很中性而現實，活動量銳減後，多吃下去的每一卡都會如實累積，完全沒有灰色地帶，當然，也會讓人覺得十分挫折。

重回日常後同時也需要面對與家庭、朋友和各種人際互動之間的微妙轉換。那些和自己共同經歷過步道上點點滴滴的夥伴已經解散回到各自的人生軌道，從腳上痛得半死的水泡、被冷雨淋成落湯雞的狼狽，只能整天穿著又髒又臭的衣服，為了找個營點搭營得多繞路走個八百公尺的無奈疲憊，到偶然遇上步道魔法的開心，再到氣喘如牛抵達山頂突然看見一望無際的絕美風景等，離開步道意味著分隔彼此的不再是步行距離，而是現實人生。

對於徒步者來說剛完成的或許是自己心目中史詩般的壯闊旅程，但生活周遭的人或許根本無法理解這件事究竟有什麼意義。即使出於好奇或禮貌詢問，也未必是真的多有興趣，何況試圖用言語描述路上經歷和感受的一切，有時也根本不知該從何說起。徒步者的數月長旅中涵蓋了許多心情上的起伏跌宕和平靜低潮，即使離開步道一段時間後，心靈的某個幽暗角落可能也仍在默默地消化處理這些課題，要向他人說明這一點簡直就是不可能的任務。也因此難免會覺得孤獨，偶而甚至會在現實的場域中感到格格不入，當然家人跟朋友都很好，只是他們大概也永遠無法體驗這樣的痛苦疏離。

再就是徒步者自身的內心湧動，出發走上步道前，跟走出步道後，我還是同一個我，但也不再是同一個我了。路上的經歷和思考會改變我們看待世界的方式，調整我們既有的價值觀，影響我們對事物選擇的優先順序。許多曾經堅持的觀點變得動搖，在乎的事情也已經可有可無，那些享受過的東西如今顯得非常無聊，過去感興趣的東西也可能變得索然無味。像是掙脫了什麼牢籠，卻在失去習慣的桎梏之後突然不知何去何從。

步道上單純規律又目標明確的生活給了我們直觀而純粹的珍貴體驗，然而現實中要面對的問題卻多如牛毛，這個世界上無可避免的各種生活噪音永遠喧騰不休，從氣候變遷、環境污染、糧食能源短缺、人權問題、複雜的政治角力、到中午到底要吃什麼，步道生活讓人短暫跟這些重大議題脫節，而經歷過遠離塵囂徒步生活的人，就像一片偶然被遺失在山林裡的拼圖，歷經風吹日曬雨淋後被尋回了，即便還是同一片，卻再也無法完美契合於既有的版圖裡，於是人不免陷入對自我定位的困境而惶惶難安了。

▲▲▲　▲▲▲

在越來越多人體驗和認識到ＰＴＤ這個現象後，如何面對這樣的心境轉換，甚至提早做好準備，都有助於緩解及改善這樣的狀況。

倘若正在計畫準備出行一條長距離步道，便請先留意有可能發生徒步後憂鬱症。事前閱讀並瞭解相關的資訊能有助於徒步者在結束旅程時，以更具彈性的心態去面對隨之而來的掙扎。而如果此刻才察覺到自己正陷入徒步後憂鬱的話，也別喪氣，發現問題便是解決問題的開始，就如同徒步道都是靠著雙腳一步一步走完一樣，低潮沒辦法在一夜之間排除，但總能找到適當的方法逐漸改善。

善用在步道上體驗到的感動和領悟，將這些想法落實到生活中是非常有效的方式之一。

在除了徒步之外無事可做的那段期間裡，許多徒步者必然都曾體驗到單純的感動，這些感動常因小事而生，無論是來自他人的善意、炎天裡的一方遮蔭、驟雨中躲避的一方屋簷、乾荒時一台營業中的自動販賣機、餓到發慌時的一條巧克力棒、獨享的山頂美景、適合走路的怡人天氣等。若不是因為野外徒步，因為遵守無痕山林原則，我絕對無法想像自己會因為當天要途經有抽水馬桶和垃圾桶的停車場而開心期待一整個早上，試著單純去享受這些尋常生活中的美好事物，有助於我們活在當下，也更能將焦點鎖定在感恩珍惜眼前的一切。

徒步是大量消耗體能的活動，離開步道後，儘管不太可能維持跟徒步時同樣強度的運動，養成良好的運動習慣，維持活躍也能有效的幫助緩解徒步後憂鬱。除了能釋放腦內啡使身心愉悅外，專注在動作和感受肢體肌肉施力狀況某種程度上也是一種動態的靜心。不論是每週跑步三次、一個月爬兩次郊山、挑戰百岳、上瑜伽課、練習攀岩或做重量訓練，都是很棒的選擇。在結束長距離徒步這樣目標明確又不算輕易能執行的計畫後，設定其他具體目標也是累積成就感的好方法，不論是參加五公里路跑，或是半馬甚至馬拉松賽，鐵人三項或是自行車騎行，因為準備這些活動而投入訓練，讓生活找到重心，自然能讓ＰＴＤ退散。

▲▲▲　▲▲▲

當你環顧四周，發現沒有人能了解你經歷過的一切，覺得自己因為徒步經歷而獨坐成一座孤島時，不妨跟徒步道上相識的人主動聯繫。儘管每個人終究只能體驗自己的體驗，但那些共同經歷過的步徑冷暖，痠痛疲憊，或者還有些傻兮兮的糗事，當然是一起經歷過的人才能會心一笑的共同記憶。別擔心自己的狀況會影響他人，徒步後的失落感每個人多少都會有，能夠在步道上互相支持走過的夥伴，將心比心，相信我們也絕對願意給對方溫暖的回應。而說不定，對方也正因為害羞或種種顧慮猶豫著是否要先伸出手來，但相信我，每一次能跟步道上的好友聚會甚至只是電話聊聊天，都讓我感到非常幸福。

徒步時我們會有超乎想像的大量獨處時間，而回到現實生活中讓人分心的事物太多，於是我們不得不失去了許多跟自己深層對話的機會。為自己規畫一個固定的獨處時段，讓焦點得以轉向內在，會有助於梳理和釐清真正的想法和需求。無論是透過書寫或其他任何方式，也不管是給自己一個主題或是絲毫沒有預設，只任憑靈感自由流動的思索，傾聽自己的聲音，找到心之所向，是一種個人非常喜歡的自我療癒方式。

培養新興趣，找到新的熱愛，讓熱情有依歸的出口，不論是烹飪、繪畫、攝影、寫作、樂器、研究咖啡、紅酒或手工創作，除了豐富生活之外，在未來說不定也會豐富下一段徒步旅程，這件事誰也說不準。畢竟我在步道上遇過帶著水彩和畫本，看到喜歡的風景就停下來畫一張的素人畫家；也有背著單眼相機一路拍攝的攝影師，最近正在以步道人物創作新的攝影集；有人帶著烏克麗麗或口琴在沿途野營時與大家分享他們的快樂；還有強者親手包辦了自己一整路的食物（還包括甜點），不但做成脫水餐包，還兼顧色香味跟均衡營養，令我佩服得五體投地。

長距離徒步畢竟不屬於日常活動，但我們始終有機會把這份對步道的熱愛回饋給步道本身，無論是參加步道組織的健行活動、參與步道手做修築養護計畫、幫忙宣導無痕山林觀念、協助淨山、根據自身能力登記成為山林志工、或是協助登山及健行徒步者，除了讓自己有機會跟山林有所連結，更能把從徒步中得到的善意回饋給山林步道，形成善的循環。

每趟完成計畫離開步道時，我總是要忍不住頻頻回首顧惜那個標誌著終點的場域，捨不得那貌似單調又疲憊的徒步旅程就此畫下句點。但我始終記得自己永遠可以選擇回到步道上，或許不再有機會重新全程徒步，但不論是單日或僅只數日得以回到山林，能夠再次親近自己曾經踏過的步徑，總是讓我感到放鬆且心情篤定，山一直都在，步道也是，那是我們心靈的另一個故鄉，只要願意就能回去。

而最重要的是，如果徒步後憂鬱已經嚴重到無法讓你無法維持或享受日常生活時，請務必尋求專業協助。這樣的情緒鬥爭真實存在，絕不是甚麼需要感到羞恥的事情，願意開口求救的人，其實才是擁有無上的勇氣。

ＰＴＤ可能從抵達終點的那一刻就開始了，也可能是在意識到自己終於完成了計畫許久又耗時耗力的遠大目標的時候。或者是在回到現實常軌，搭著捷運或公車上班途中望著遠處閃耀的霓虹招牌的瞬間，甚至是當家人朋友問你關於步道上的經歷，而你卻不知該從何說起的當下。

並不是每個人在長距離徒步後都會經歷徒步後憂鬱症，但有些人的確會經歷這樣的掙扎，痛苦且深刻。不過正如同徒步過程中也需要經歷許多辛苦和碎念，只要願意，不論快慢總能出口抵達終點，請記得即使離開了步道，仍有許多懂你，懂路上的一切，能理解那種徒步後藍調時而輕緩，時而低迴的沉鬱旋律的人存在，人生即遍路，或者步道如人生，這一路上你並不孤單。

Hiking Solo

願你的步徑曲折而蜿蜒，孤寂而危險，
引你去向最令人驚歎的景緻。

——愛德華・埃彼（Edward Abbey）

一旦在路上久了，所有徒步的記憶也經常變得曖昧重疊而模糊了界限。

例如AT和PCT這兩條分處於美國東西岸的不同步道，氣候和地形地景不盡相同，沿途許多小鎮風貌卻經常恍如複製貼上般的相近，類似的建築外型、類似的街道規畫布局，每個鎮上都有條叫做大街（Main Street）的馬路，那便是最熱鬧的城鎮中心，而這些不同州、不同縣郡的每條大街上，總會有一、兩間快餐店，一間冰淇淋店，終年有熱咖啡、夏天賣整袋冰塊、冬天賣整捆柴薪的雜貨店，附設雜貨區和洗手間的加油站，和一座作為居民精神信仰中心的教堂。快餐店裡的裝潢千篇一律，隨意走進後，櫃檯、紅色卡座沙發、送上桌的餐點看起來甚至跟幾百公里前那間一模一樣，令人不禁恍惚，這究竟是真實或是曾出現在某場預知夢裡的場景？

而儘管國度和文化有別，風光景色殊異，行走在步道上的痛苦疲憊卻毫無差異，西班牙農場裡的牛群和AT上看見的也沒什麼兩樣，若說有何不同，頂多是AT、PCT畢竟身在荒野，走到厭世沮喪也臨時求救無門，而路既然是自己選擇來走的，也只能甘願點，一種無可奈何的自立自強。

踏上長距離步道後，經常有人問我為什麼要走？我想這是每位徒步者都被問過不下千百次的問題。

剛開始我也很認真地思索過，想給對方也給自己一個大家都滿意心安的答案。然而我實在找不到什麼為國爭光、自我挑戰之類充滿雄心壯志或值得歌頌的理由，到後來只能老老實實地說就只是單純的喜歡走路罷了。

喜歡走路，應該是很充分的理由吧？因為喜歡，因為路就在那裡，因為好奇，好奇路上會有什麼經歷邂逅，好奇那些大山大水人跡罕至的絕妙景緻，好奇在路的盡頭會是如何的一番光景。

這一路迢遙，當然也聽過不少人認為徒步者要不是現實生活不如意、生命遭逢瓶頸、不然就是失業、失戀想要逃離現實的失敗者，諸如此類不是那樣正面的意見。

例如那年美國國慶日，在ＡＴ步道口遇見的那位才大中午已經喝開了的遛狗中年大叔，他非常認真執著地花了快半個多小時，想說服我徒步者一定都是遇到什麼問題才會選擇逃避到山林裡，否則像他明明就住在步道旁，但工作生活都很順利，才壓根不會想去走什麼步道呢。我沒有辯駁，畢竟每個人都有自己認知的真實，至少對我來說人生的意義不只是工作得意、生活無虞，而當然徒步幾千公里也不是每個人都需要完成的人生清單選項。

何況我也不需要費心去告訴誰，這一路上光是在ＰＣＴ我就遇見了五位醫生、三位律師、六個博士、數不清的各級學校老師、攝影師、事業經營得有聲有色的實業家、研究生、作家、工程師，這些俗世的成就標籤，在步道上並不具備相同的意義。步道會揭去一切塗飾，在前進的過程中漸漸展現出一個人的真實本色，正如同每個人筆下的文字會不經意體現自己的世界觀一樣，徒步道上的行動舉措和反應，往往是本性最忠實的呈現。

不能否認也遇過不少希望在徒步過程中獲得某些人生難題的答案，或是期待走完一趟後能馬上看到什麼脫胎換骨改變的徒步者，但平心而論，走了這麼多路之後，儘管體驗和感動無法盡數，但若要說我的人生因為徒步走了哪條步道而產生什麼戲劇性的變化，那又未免言過其實了。誠然步道上大量獨處的時間會動搖一個人看待過往事物的看法，與其說變得更正確，或許更像是終於有了足夠時間能將視角調整成合乎自己當下心態和人生經歷的角度。而當然改變一定是有的，只是累積了幾十年的價值觀和性格習慣，單靠一兩趟持續數週或數月的徒步旅程就能天翻地覆，這樣的情節大約也只會出現在小說或電影中了。

因徒步而生的改變是靜默而綿長的湧動，那些步道上的經驗和反思，也需要時間來凝鍊沉澱，徒步前、徒步後我們都還是同一個人，只是在離開步道一段時日後不經意間回頭，才發現步徑上的歷練已在不覺間滲透進生活中、習慣上、思想裡，對我們面向生命的態度起了根本性的刻畫和轉折，而徒步的餘波仍在持續盪漾，最終將會造成如何的影響，委實難以估算。察覺到這一點後，對於徒步旅程能帶來的不論是什麼，似乎也能更坦率地放下了追求。我需要做的只是盡力準備好自己並做好徒步規畫，再來便是單純敞開心胸去經歷，無所期待，讓該進入生命中的一切自然發生。

於是走得越遠，會發現自己越是沉默，對於步道，對於山，對於路上的一切。因為可以說的太多，反而不知從何說起，更因為在無限廣闊的天地間體認到自己的有限與不足，是以越無法虛張聲勢地振振有詞。

然而或許我可以說說曾經，曾經我也天真到近乎張狂地以為自己的徒步全是獨力的旅程，只不過步道並非專屬於人類，特別是野外步道，撇開獸徑不談，無論採用何種工法修築而成的步徑終究是人類侵入野生動物生活圈下的產物。當我或昂首闊步，或步履艱難地穿過一段漫開的石楠花徑，踏過短葉絲蘭樹和仙人掌遍地的滾滾黃沙，行經一片寧靜清澄的碧綠水塘，攀上長滿野生矮叢藍莓的山頂岩盤時，其實也無異於擅自闖入美洲黑熊、山獅、花栗鼠、土撥鼠、響尾蛇、土狼、野兔、駝鹿、水獺和各種鳥類的客廳餐室一般突兀而無禮。

當然，路總是靠著雙腳踩踏形成的確切軌跡，只不過即便在貌似踽踽獨行的步徑上，我也並非如自己所以為的獨自成行。最初我也認為是憑藉著自身的勇氣和恆心毅力才完成這一趟趟的千里之行。畢竟在天高地闊的荒野奮力獨走過程中往往只孤身一人，不論是被積雪掩去路跡的高聳陡坡，或草木不生迂迴曲折的砂石山道上，經常都是前無行者，後無來人，面對任何狀況也僅能仰賴個人的臨場反應和決斷。但縱使個性再如何冷靜淡定，遭遇身量比自己巨大的美洲黑熊、風聞營地常有山獅出沒、或是看見土狼在附近潛行時，我也並非完全不會害怕，況且光是害怕並不能解決問題。幸運的是腎上腺素總是非常給面子，於是一次一次，總能有驚無險。

卻是這有驚無險非常值得留心，很多人或者會認為我極大膽，剛開始我自己也不免如此認定。然而在累積距離和經歷的過程中，漸漸才理解到自己的怯懦，那些有驚無險往往在事後令我心神震動，回過神來也才能看清楚是如何地一髮千鈞，因而手腳發軟，汗毛豎立。儘管已經相當謹慎，但愚勇和僥倖，或許是貫穿我徒步生涯的重要插曲。

然後慢慢地，留意到那些靜默無聲的陪伴，例如在四國遍路寺院的手水舍，總會看見由宇多津町的中西史郎先生暨夫人美紀奉納的水杓，一番一番，每次淨手時我總是刻意選擇使用這些水杓，宛如個人化的參拜儀式流程一般，到後來甚至私心裡擅自把素未謀面的中西夫婦當成了遍路上的夥伴，看見寫著他們名字的水杓總讓我感到安心篤定。

再如鯖大師無所不在的手作指標、沿途遍路保存協力會的紅色小人標示、所有徒步遍路者們應該都很熟悉在途經第七十七番道隆寺前會收到的陶燒小地藏；而那些世界和平祈願柱，後來在聖雅各朝聖道上見到英文和西文版時簡直讓人像看到老夥伴一樣開心；還有聖雅各的貝殼指標、黃色箭頭、沿途讓朝聖者蒐集徒步護照印章的庇護所和小酒館、提供朝聖者特餐的餐廳；AT的白色火焰、簡易山屋、廁所、手作步道、負責每個段落的徒步協會所設立風格各異的指標；PCT上的標示、因應各種狀況在最短時間內設置的改道指標和替代路線等。更不用說那些出於自發的善意，遍路上的接待、AT和PCT上的步道天使與魔法。

而各種裝備也不容忽略，遍路道上的木製金剛杖支持我走完全程後至少短了一寸半，AT上的登山杖多次在風中雨中穩住我的腳步免於狗吃屎，還有步道上幾乎天天穿著，早被壓榨到物超所值不足以形容的服裝衣帽、每雙被操到爛掉的鞋襪、跟著我被風吹雨淋的背包、為我遮風擋雨的帳篷；一邊說我瘋了，一邊幫忙從台灣寄了大批乾糧和物資過來給我的好友；在路上時因為網路不佳，連著幾天沒發文就私訊關心狀況的所有朋友們、明明自己的PCT已經完結還千里迢迢從卡加利開車到加拿大邊境接我的徒步家族「老謝二號」；簡訊過去就有求必應，精準隔空看診的「老謝一號」；那個明明很擔心又怕寂寞，但從來都因為更願意支持我追求自己夢想而選擇一次又一次鼓勵我上路的伴侶。

從來不是一個人，從來都是不是。

後來想了又想，一直堅持走著，或許是一種出於對不斷逝去的青春和平庸感到無能為力的蒼白抗爭吧？

不管相不相信，算得上走過不少里程的我，是真心不認為這算得上什麼值得與人誇耀的成就。我因為喜歡走路而出發，因想走更遠而深入原就熱愛的山林，卻在徒步的過程中得到太多預期外的收穫，而路上的經歷如今都仍在以各種形式持續豐富著我的日常和生命。

徒步，尤其是荒野中獨行，當懷抱著目標全心勉力前行時，那些生命裡膚淺世俗的問題和困境，彷彿也隨著深林裡的煙嵐蒸發散逸，讓心得以潛沉至更為靜謐深刻的狀態，這種心境甚至在旅程結束後還會延續上好一段時間。當重回人世，再度面對那些過去習以為常因而不以為意的事物時，我常感到神奇美好而驚歎不已，僅僅隔著一條步道的距離便讓人不覺間扭轉了視角，重新認識日常的過程中，能更細膩地覺察和欣賞周遭所有事物和響動，對過去理所當然的一切充滿感激並發自內心感到豐盛富足，這應該是徒步最美好的後遺症了。

若真要問在這幾年的徒步經歷中曾學到什麼的話，想來應該是徹底認清了自身的渺小軟弱，得以在大自然中感知自己的微不足道而誠心謙卑低頭。許多親近山的強者或許會用登頂、撿山頭、征服大自然的說法，但在弱肌我的認知裡，自己從不曾征服過哪座山，哪條步道，更遑論大自然了。

是山、步道和自然容許凡夫俗子如我輩，用各自笨拙愚蠢的姿勢走向它們，且包容我一路的厭世、疲累和抱怨，承受我大步向前的踩踏，看顧我一路掙扎直至終點。若真的曾經征服了什麼，那或許是在一路狼狽後，終於願意接受了自己的惰性和怯弱吧？而山和步道不僅教會我坦然擁抱自己的軟弱，也讓我體認到生而為人即便渺小短暫如蜉蝣，只要願意遵從內心真實的渴望跟勇氣，就有機會去親眼見證自己所嚮往的壯闊和未知；此外更讓我學會了寬容並同理他人的裝腔作勢、自吹自擂和脆弱，每個人都有自己心裡的那座高山和漫無止盡的步徑要攀登跨越，無論姿態如何，全都是因為在意才那樣努力著。

最重要的是我明白了感恩的真義，除了理解到獨走的身姿其實並非孤身一人，並非完全憑藉一己之力外，歸根究柢，得以貌似瀟灑的出走，正因為心裡是那樣篤定，篤定自己擁有一個不問好壞結果，不以成敗評價，永遠等待著全心擁抱自己的溫暖依歸，那是我們有恃無恐的根本，也是每趟旅程最終極的去向。無論路途中的風景有多壯闊美麗，過程中的體悟有多深切而令人喜悅，唯有平安回家，才稱得上是圓滿的旅程。

跟 Josie 的緣分始於四國遍路，因為也都走過聖雅各朝聖道，而在網上交流多年。第一次見面還是在PCT的路上！雖然真正一起徒步的時間只有短短數日，卻是我最特別的徒步家族。在步道上的那些艱困日子裡，我們用荒謬的見聞來互相傷害，並轉化成繼續堅持下去的動力。這本最真實的徒步書深刻地勾勒出步道上那獨特的氛圍，讓人總是回味無窮的簡單生活。

真心話OS：這本書很可怕，看了會病發，整個太濃烈，一字一句都會勾起很多回憶，邊讀邊步道記憶大噴發，讓人很想現在就出發去走路，覺得未來收入圖書館時應該歸在禁書區，不然可能會引起社會動盪。

——Metronome 老謝一號

Josie 是我認識最強大的AT徒步者之一。跟她一起徒步時，我們總是能維持穩定堅實的速度，也都會順利達成當天設定的目標距離。每當她現身在山屋時，大家都會很開心，她個性爽朗，是很有人氣的徒步夥伴，總能為營地帶來充滿歡笑的美好時光。就算有時在途中錯開幾天碰不上面，再次遇見時她的出現總會讓大夥兒精神為之一振。對於 Josie 能完成 AT 全程徒步這件事我從沒有絲毫疑慮，她不曾動搖信念，恆毅堅定，勇於挑戰並激勵身旁所有人一起堅持到底。對我和許多夥伴來說，Josie 對 AT 和徒步生活的熱愛是一路上莫大的鼓舞。

——Momentum 二〇一七年 AT 全程徒步者

全程徒步 AT 絕對是我人生中最美好的經驗之一。相較於在華盛頓特區身著正裝端坐四面白牆專屬辦公室的職涯，儘管步道上總是頂著油膩的頭髮、穿著髒襪子和用防蟲劑浸泡過的衣服，在五個多月的徒步生活中我無比快活，那是自孩提時代以來，從不曾，也沒再體驗過的自由和滿足。當人專注在一步接著一步往前走，保持兩腳乾爽、每隔幾天做食物補給外無需再分神於旁騖時，其他的煩惱也跟著煙消雲散，從而為歡笑和喜悅留下更多空間。

第一次見到 Josie 是下著豪暴雨的大煙山國家公園，我彷彿還能看見雨水從腳下洶湧而過，山徑都成了河流，那天絕對能列入步道生涯最糟糕的排行榜。抵達山屋時，裡頭早已擠滿了落湯雞背包客，牆壁和曬衣繩上也掛滿外套跟背包防水套。換上發熱衣的徒步者們正忙著擰乾襪子，或在煮熱水取暖。人群裡的 Josie 還穿著外套，最早抵達山屋的她看起來還是非常的冷和難受，旁邊幾個人忙著確認以避免她出現失溫。有些交情就是在這樣的狀況下建立起來的，徒步者們會分享手套和食物、想辦法為晚到的人擠出空間、同仇敵愾地咒罵冷雨和壞天氣。

儘管是在低谷時遇見 Josie，但那也是唯一一次看到她低落的樣子。熟識後，她總是和善、搞笑、激勵人心。彼此的徒步家族開始交流，我們也成了好友。

徒步將近尾聲時發生的某件事，正好能說明 Josie 是怎樣的一個人。在緬因再次相遇前我們已經失去聯繫好一陣子，抵達蒙森後才有機會再見到其他人，一起準備穿越百里荒野，並攀登終點的卡塔丁山。百里荒野中途，「OMG」在渡河時不慎摔傷（事後發現兩趾骨折）。出了百里荒野抵達卡塔丁山腳營地前，只剩下短短幾英里，但連日陰雨中帶著腳傷的「OMG」出於安全考量選擇走另一條稍微平緩些的路線。在這種狀況下，Josie 毫不猶豫的把朋友擺在自己之前，自願陪受傷的「OMG」一起走。或許這件事對 Josie 和其他人來說並沒什麼大不了的，但對我來說卻是所謂「真正好朋友」的體現，也啟發我開始為他人著想的用心。步道上的交情非常特別，在 Josie 走 PCT 前，我們在聖地牙哥又見了一面，而且我相信我們一定還會再見。

——Slim Shady 二〇一七年 AT 全程徒步者

二〇一八年在南加州 PCT 上，還未見面，就已先從其他徒步者口中風聞後頭有位叫「Hardcore」的台灣徒步者真的很哈扣。後來在步道上組隊時，我也從來沒追上她的車尾燈，Josie 有著超過萬里的徒步經驗，在步道上聽她娓娓道出其他長距離健行的故事都讓人聽得如癡如醉，加上她長期旅居美國，更能以當地人的角度來切入 PCT 和 AT 步道，讓我們更深度的認識美國特有的長距離徒步文化。

——老謝二號

國家圖書館出版品預行編目 (CIP) 資料

走向內在：四國遍路、聖雅各朝聖道、AT&PCT, 三大洲萬里徒步記 /Josie 著 . -- 初版 . -- 臺北市：大塊文化出版股份有限公司 , 2023.03
面； 公分 . -- (Walk ; 29)

ISBN 978-626-7206-71-3(平裝)
1.CST: 健行 2.CST: 徒步旅行 3.CST: 世界地理

719 111022239

1_PCT 上少見與人同行的記憶，從馬麥斯湖鎮到南太浩湖鎮的十一天，來自波爾多的瑪麗是我結伴最久的搭檔。　**2**_「獅子心」是我的第一位步道天使，他會在春天開著休旅車在喬治亞州的 AT 各步道口分享步道魔法。　**3**_ 路邊遇到的步道魔法。　**4**_ 徒步遍路者在第七十七番道隆寺附近都會得到的手燒遍路小人，和那天下午沿途得到的接待。　**5**_ 擅自神交已久的遍路友中西夫婦所奉納的水杓。

2

3

D-PRICE
Cider
Original
PURE,CLEAR,CAFFEINE FREE
ASAHI BREWERIES LIMITED
ASAHI
DRAFT BEER
SUPER
"DRY"
Asahi
洗練されたクリアな味、辛口
生
スーパードライ
生ビール
350ml
お酒

4

6_ 地上的「白色火焰」標示。 7_ 朝聖道黃色箭頭指標，祝你一路順風。 8_ 步道貫穿的小鎮居民通常對徒步者相當友善，除了餐飲住宿可能得到優惠外，也有咖啡廳針對徒步者提供「待用咖啡」服務，我也買了兩杯留給後來的徒步者，希望能為不知名的夥伴加油打氣。
9_ 遍路上處處可見的俳人山頭火知名俳句，簡單明瞭，一語中的。

6

BUEN
CAMINO
7

Trail Magic
Good Luck!!
Good For:
Large Coffee
Trail Magic
Good For:
8

10_ 正在進行步道養護工作的 AT 志工。 **11_** 經過將近一千公里摧殘的鞋子，AT 全程徒步者平均要換穿四雙鞋子。 **12_** 在 AT，山屋營地前常有營火圈，圍坐一旁聊天煮食是徒步者在山林裡常見的交誼活動。
13_ 自 PCT 遠眺傑弗遜山。

LOCUS

LOCUS

LOCUS

LOCUS